교사, 깊이 있는 학습을 말하다

교사, 깊이 있는 학습을 말하다
이해중심 교육과정과 수업

초판 1쇄 인쇄 2024년 12월 10일
초판 1쇄 발행 2024년 12월 20일

지은이 황철형, 박경숙, 이미라, 김유진, 이은정
펴낸이 김승희
펴낸곳 도서출판 살림터

기획 정광일
편집 이희연·송승호·조현주
디자인 유나의숲

인쇄·제본 (주)신화프린팅
종이 (주)명동지류

주소 서울시 양천구 목동동로 293, 2215-1호
전화 02-3141-6553
팩스 02-3141-6555

출판등록 2008년 3월 18일 제313-1990-12호
이메일 gwang80@hanmail.net
블로그 http://blog.naver.com/dkffk1020
한국교육연구네트워크 www.kednetwork.or.kr

ISBN 979-11-5930-306-7(03370)

교사,
깊이 있는
학습을
말하다

이해중심 교육과정과 수업

황철형, 박경숙, 이미라, 김유진, 이은정 지음

살림터

목차

PART 01 ──────────────────────────●

깊이 있는 학습을 위한
이해중심 교육과정의 이해

1. 머리글 _13

2. 깊이 있는 학습을 위한 2022 개정 교육과정 _15

추진 배경 • 15

핵심역량과 내용 체계 • 17

'깊이 있는 학습'의 이해 • 20

깊이 있는 학습을 위한 전략 • 22

학습자 주도성을 길러주는 교육과정 • 28

3. 이해중심 교육과정의 이해 _31

이해중심 교육과정이란? • 31

전통적 교육과정과 이해중심 교육과정의 차이 • 33

이해중심 교육과정은 깊이 있는 학습과 어떻게 연결되는가? • 34

'이해'를 위한 교육과정 설계에서 중요한 것 • 35

이해중심 교육과정 속 '이해'의 여섯 가지 측면 • 36

핵심질문 essential questions • 37

이해중심 교육과정의 설계 • 39

이해중심 교육과정을 실천하기 위한 다양한 전략 • 43

PART 02

깊이 있는 학습을 위한
이해중심 교육과정 수업의 실제

1. 배움이 깊은 **국어과** 수업 만들기
-마음을 표현하며 대화하는 즐거움-

1) 수업을 디자인하기에 앞서 _53

무엇을 할 수 있게 할 것인가? • 53
할 수 있다는 것은 어떻게 알 수 있을까? • 56
삶의 경험을 엮어 배움을 설계하다 • 58
아이들을 들여다보다 • 59

2) 수업을 디자인하다 _60

3) 깊이 있는 이해를 위한 수업의 여정들 _62

핵심질문과 수행과제가 있는 수업의 출발 • 64
이해를 위한 디딤돌을 놓다 '마음을 표현하는 말' 확장하기 • 69
연습으로 이해에 가까이, 더 가까이 • 72
필요한 기능이나 지식은 교과서에만 있는 것이 아니다 • 74
실제 삶을 수업에 담다 담임선생님께 전하는 마음 이야기 • 78
놀이 같은 수행과제로 배움의 행복이 가득! • 81
우리 아이들은 어떤 마음으로 얼마만큼 자란 걸까? • 83

4) 교육과정과 수업으로 나를 성찰하다 _84

수업을 마치며 생각하는 아쉬움 • 84
그럼에도 이해중심 교육과정으로! • 85

2. 배움이 깊은 **통합교과 수업 만들기**
-우리는 주변의 모든 가족과 관계를 맺어요-

1) 수업을 디자인하기에 앞서 _87

수업은 재미있기만 하면 된다? • 87
깊이 있는 이해를 위한 통합교과 수업, 어떻게 할까? • 89
다양한 가족의 모습을 어떻게 이해시킬까? • 90

2) 수업을 디자인하다 _92

3) 깊이 있는 이해를 위한 수업의 여정들 _94

'가족'이란 낱말에서 아이들은 무엇을 떠올릴까? • 96
너무나 가까운, 우리 가족부터 살펴보자! • 99
조금 더 넓게, 이웃 가족을 살펴보자! • 102
조금 더, 다른 모습의 가족도 살펴보자! • 105
가족은 새롭게 만들어지기도 해요 • 107
다양한 가족들을 한눈에, 모둠 가족 지도로 살펴보자! • 108
우리 집에선 엄마가 하는 일, 다른 집에선 누가 할까? • 110
우리 가족을 위해 나는 무엇을 할 수 있을까? • 112
내가 생각하는 가족은 이래요 • 114

4) 교육과정과 수업으로 나를 성찰하다 _117

아이들에게 가족은 어떤 의미일까? • 117
통합교과도 탐구할 수 있는 수업으로 만들어 보자! • 118

3. 배움이 깊은 **과학과** 수업 만들기
-'작은 생명들'에 대한 이야기-

1) 수업을 디자인하기에 앞서 _120

과학 수업의 고민을 안고 • 120

무엇을 이해하게 될까? • 122

이해한 내용으로 무엇을 할 수 있을까? • 123

학습 경험은 어떻게 구성할까? • 125

2) 수업을 디자인하다 _127

3) 깊이 있는 이해를 위한 수업의 여정들 _129

'다양한 생물과 우리 생활'에서는 무엇을 배울까요? • 131

세균이 없는 세상은 어떻게 될까요? • 135

균류가 없는 세상은 어떻게 될까요? • 138

원생생물이 없는 세상은 어떻게 될까요? • 142

무엇이 더 궁금하나요? • 145

단원을 공부하고 어떻게 달라졌는지 여러분의 이야기를 들려주세요 • 148

4) 교육과정과 수업으로 나를 성찰하다 _153

아이들에게 전한 이야기 • 153

이해중심 교육과정으로 단원을 다시 실천한다면 • 155

나의 수업 속 이해중심 교육과정 • 158

4. 배움이 깊은 **영어과 수업 만들기**
-아이들의 삶 속에서 키워가는 '영어 자신감' 이야기-

1) 1학기 수업을 디자인하기에 앞서 _160

"교과서대로 수업해 주세요." • 160
교육과정과 교과서에서 실마리를 찾아보자 • 162
학생들이 무엇을 할 수 있기를 바라니? • 163

2) 수업을 디자인하다 _166
3) 깊이 있는 이해를 위한 수업의 여정들 _168

핵심질문으로 생각의 문을 두드리자 • 170
영어 의사소통 기능 연습은 영어 놀이로! • 171
학생들의 아이디어로 프로젝트 준비하기 • 172
놀면서 배우는 Our Class Play Festival • 173
놀이 속에서 영어 자신감이 한 뼘 성장하다 • 174

4) 교육과정과 수업으로 나를 성찰하다 _176

148명의 학생 모두에게 전하는 이야기 • 176
이해중심 교육과정으로 단원을 다시 실천한다면… • 177

5) 2학기 수업을 디자인하기에 앞서 _180

여름방학 끝! 2학기 영어 수업은 어떻게 시작하지? • 180
2학기 첫 프로젝트의 순조로운 출발 • 181

배워야 할 것들이 많네. 우선순위를 정해보자 • 182
이해 Understanding 에 도달했음을 어떻게 알 수 있을까? • 183

6) 2학기 수업을 디자인하다 _185

7) 깊이 있는 이해를 위한 2학기 수업의 여정들 _187
우리도 핵심질문을 만들 수 있어요 • 189
두려움을 도전 의식으로 바꾸는 수행과제 • 190
News에 우리의 경험을 담으려면 이렇게! • 191
우리 힘으로 News를 만들었어요 • 192
친구들의 News 함께 나누어요 • 193
핵심질문의 정답 찾기를 넘어서 • 194

8) 2학기 교육과정과 수업으로 나를 성찰하다 _196
프로젝트는 성장이다 • 196
학생들의 삶 속으로 두 발 더 들어가기 위해 • 197
이해중심 교육과정으로 단원을 다시 실천한다면······ • 198

참고문헌 • 200

깊이 있는 학습을 위한
이해중심 교육과정의 이해

1. 머리글

    이 책은 교사 전문적 학습 공동체인 '동행'의 선생님들이 4년 동안 연구한 결과물입니다. 몸담은 학교가 다른 선생님들이 서로 모여서 교실 수업에 대해 함께 이야기 나누고 또 반복하는 과정에서 선생님들의 성장이 일어났기에 그 결과를 다른 분들과 나누고자 합니다. 이상적으로 구성한 수업에서 좋은 결과만 드러내는 것이 아니라 교사들이 수업을 전개하면서 고민했던 것들, 아쉬웠던 점도 함께 다루고자 하였습니다.

    이 책은 전체적으로 두 부분으로 구성되어 있습니다. 앞부분은 2022 개정 교육과정과 깊이 있는 학습, 이해중심 교육과정의 기초적인 이해에 중점을 두었으며, 뒷부분은 깊이 있는 학습을 위한 이해중심 교육과정 수업의 실제를 다루고 있습니다. 책의 주요 논지는 2022 개정 교육과정의 내용을 다루고 있지만, 실제 수업은 2015 개정 교육과정에 기반해 이루어졌습니다. 이 책을 통해 깊이 있는 학습이 현장에서 왜 필요한지, 어떻게 이루어질 수 있을지에 대한 논의가 이루어지길 희망합니다.

'교직원 회의-2022 개정 교육과정 연수',

교무부장이 올려주는 일과 운영에 2022 개정 교육과정에 대한 연수가 있다고 한다. 듣기 싫은 연수지만 필수로 참가해야 하는 연수이니 어쩔 수 없이 참석한다. 연수 장소는 선생님들로 가득 차고, 교육과정 기획부장은 연수자료를 훑으며 개정의 내용을 짚어 간다. 들리는 것은 몇 가지 단어들, 연수가 끝나고 나가며 선생님들은 서로에게 묻는다.

"도대체 왜 또 개정하는 거야?"

2. 깊이 있는 학습을 위한 2022 개정 교육과정

✦ 추진 배경

　2022 개정 교육과정은 앞으로 닥칠 사회 변화, 기후 문제, 인공지능의 등장과 확산, 미래의 변화를 고려하여 만든 교육과정이다. 이는 미래 학생들이 살아갈 사회 변화를 예상하고 학생들에게 필요한 교육과정을 미리 설계한다는 의미이다. 학령기의 아이들이 성인이 되었을 때 미래 사회에 필요한 것은 무엇인지, 이를 위해 학생들이 길러야 할 것은 무엇인가를 예상하여 국가가 교육과정을 설계한다.

　2022 개정 교육과정 총론의 주요 사항 마련을 위한 공청회 자료에는 총론 주요 사항의 추진 배경에 대해 다음과 같이 4가지 사항을 제시한다(교육부, 2021b).

　첫째, 미래 사회 변화에서 '예측 불가능성'을 중요하게 고려하였다. 2020년에 발생한 코로나 팬데믹은 그 누구도 예상하지 못한 일이었다. 코로나 팬데믹으로 공포가 한창이고 학교가 휴교할 때 연구실에서 동료 선생님과 "1~2달이면 이 일이 끝나겠지요?"라며 이야기를 나누었는데 그 후로 몇 년이라는 시간이 흘렀고 지금은 이러한 일이 특별한 사건이 아니라 언제든 우리 주변에 발생할 수 있을지도 모른다고 생각하게 되었다.

　둘째, 학생 주도성과 존중하고 협력하는 공동체 의식의 함양을 강조하였다. 학생의 주도성은 미래 사회의 예측 불가능성과 연결되어 중요하게 다루어야 할 주제가 되었다. 아이들이 앞으로 살아갈 사회는 무엇이 필요한지 예측 불가능한 사회가 되었으므로 문제를 예측하기보다는 학생들이 스스로 또는 함께 문제를 해결해 나가는 능력을 갖추는 것이 오히려 적절하다. 이를 위해, 학생들이 처한 상황에서 스스로 문제를 해결할 수 있는 자기 주도성(agency), 혼자서 문제를 해결하는 것이 아닌 함께 문제를 해결할 수 있는 공동체성(co-agency)을 강조하고 있다.

셋째, 맞춤형 교육체제의 구체적 요구가 있었다. 특히, 고등학교 학생들이 교과 필수 이수 단위에 따라 배우고 싶은 과목을 선택하는 고교학점제를 실행하기 위해 고교 교육과정의 개정이 필요하였고 이는 자연스럽게 초·중등 교육과정의 개정으로 연결되었다. 맞춤형 교육에 대한 요구는 2015 개정 교육과정에서도 강조되었지만, 이전과 달라진 것은 각종 온라인 시스템의 발전으로 실제 교실에서 맞춤형 교육을 어떻게 구현할 수 있을지에 대한 고민으로 그 영역이 점차 확장되고 있다.

넷째, 교육과정 개발 과정에서 교육 관련 분권화 및 자율화와 관련한 요구가 있다. 그래서 국가에 집중된 교육과정의 편성과 운영에 관한 권한을 지역 또는 학교에 나누고자 하는 분권화와 학교나 지역이 교육과정을 자율적으로 운영하고자 하는 자율화의 요구를 반영하였다. 이는 중앙집권적인 교육과정 개발과 운영으로는 지역의 특성, 학생들의 맞춤형 요구를 반영하기 어렵다는 현장의 문제의식에 기인한다.

◆ 핵심역량과 내용 체계

2022 개정 교육과정은 2015 개정 교육과정과 같이 핵심역량을 목표로 설정하고 있다. 2015 개정 교육과정이 역량을 기반으로 하는 교육과정이라면, 2022 개정 교육과정은 역량의 함양을 목표로 설정한다. 2015 개정 교육과정에서는 역량을 교육과정에 처음 도입하고 역량 교육과정의 필요성과 담론을 국가 교육과정 차원에서 논의하는 데 의미가 있었다면, 2022 개정 교육과정에서는 역량 함양을 위해 각 교과 교육과정과 역량을 연결하고 이를 실제 수업에서도 구현할 수 있도록 교수·학습 방법에도 중점을 두었다. 이를 위해 교과에서 무엇을 가르칠 것인가에 해당하는 내용 체계를 변경했으며, 총론의 문서에 역량을 구현하기 위해서 학교 교육과정 설계에 '학교는 학생들이 깊이 있는 학습을 통해 핵심역량을 함양할 수 있도록 교수·학습을 설계하여 운영한다'라고 제시하고 있다(2022a, p.10).

핵심역량이란 미래 사회 시민으로서 행복한 삶을 살아가는 데 필요한 핵심적인 능력으로서 지식, 기능, 태도 및 가치가 통합적으로 작용하여 발현되는 능력이다(교육부, 2016).

이러한 역량의 특징은 첫째, 학습을 통해 역량의 함양이 가능하며 학생의 발달 가능성을 전제하고 있다. 둘째, 총체성을 띤다. 이전부터 강조된 지식의 차원뿐만 아니라 기능, 가치 및 태도를 아우르고 있다. 셋째, 역량이 수행으로 나타난다. 단순히 머릿속에서 알고 있는 측면을 넘어서서 실제 맥락에서의 수행 가능성을 중시한다. 이는 이전의 교육이 아는 것에 중점을 두고 실제 맥락에서 실천하지 못한 지식 전달 교육의 한계를 지적한다. 넷째, 역량은 개인적인 능력이면서 동시에 다양한 주체의 상호작용이라는 것을 강조한다. 역량은 다른 학생들과 다양한 상황에서 서로 소통, 협력하고 문제를 해결하며 발현되기에, 개인의 차원을 넘어서서 공동체의 협력을 요구한다(백남진, 온정덕, 2016).

2022 개정 교육과정에서는 이러한 역량을 교육과정에 구현하기 위해 교육과정의 내용 체계가 변화되었다. 2015 개정 교육과정에서는 내용 체계를 '영역', '핵심 개념', '일반화된 지식', '내용 요소', '기능'으로 제시했다면, 2022 개정 교육과정에서는 교과의 핵심 아이디어, 지식·이해, 과정·기능, 가치·태도의 3가지 범주로 나타내었다. 역량이란 단순히 아는 것에 그치는 것이 아니라 지식, 기능, 가치, 태도를 총체적으로 통합하는 특성을 가지기 때문이다. 이러한 특성이 선언적인 수준에 그치지 않기 위해서는 우리가 수업에서 학생들에게 아는 것만을 강조하거나, 혹은 단순한 활동으로 기능을 익히는 데에서 수업이 멈추는 것은 아닌지 또는 학생들이 수업하는 동안이나 수업이 끝난 이후에도 배운 내용이 자신에게 의미가 있도록 가치나 태도를 갖추는 데 소홀한 것은 아닌지 깊이 고민할 필요가 있다.

또한, 2015 개정 교육과정의 '핵심 개념'과 '일반화된 지식'이 2022 개정 교육과정에서는 '핵심 아이디어'로 내용이 변경되었다. 이 핵심 아이디어는 교과의 영역에서 가장 중요하게 다루어야 할 내용이며, 깊이 있는 학습을 위해 교사가 초점을 두고 가르쳐야 할 것을 기술한 것이다. 이전 개정 교육과정의 일반화된 지식이 지식 자체에 초점을 두고 진술했다면, 핵심 아이디어는 지식뿐만 아니라 기능, 가치 및 태도도 포괄하는 것을 볼 수 있다.

성취기준의 세부 진술 형태 또한 2022 개정 교육과정에서 다소 변화가 있다. 2015 개정 교육과정에서의 성취기준이 수업 활동에서 달성해야 할 '기준'을 강조했다면, 이후에는 학생이 할 수 있거나 할 수 있기를 기대하는 도달점인 결과나 수행의 형태로 문장의 진술이 변경되었다.

이러한 성취기준의 진술 방식 변화는 역량에서의 '수행'을 강조한 교육과정 설계의 의도가 내용 체계에도 구현된다는 것을 볼 수 있다. 2022 개정 교육과정과 2015 개정 교육과정의 핵심 내용 및 성취기준의 개념을 비교하면 다음과 같다(2015b; 2021b, pp. 73-79).

	2022 개정 교육과정	2015 개정 교육과정
핵심 내용	• 핵심 아이디어 - 영역을 아우르면서 해당 영역의 학습을 통해 일반화할 수 있는 내용을 핵심적으로 진술한 것 - 해당 영역의 학습 초점을 부여하여 깊이 있는 학습을 가능하게 하는 토대가 됨.	• 핵심 개념 교과의 기초 개념이나 원리 • 일반화된 지식 학생들이 해당 영역에서 알아야 할 보편적인 지식
성취 기준	영역별 내용 요소(지식·이해, 과정·기능, 가치·태도)를 학습한 결과 학생이 궁극적으로 할 수 있거나 할 수 있기를 기대하는 도달점	학생들이 교과를 통해 배워야 할 내용과 이를 통해 수업 후 할 수 있거나 할 수 있기를 기대하는 능력을 결합하여 나타낸 수업 활동의 기준

앞에서 언급했지만, 2015 개정 교육과정 내용 체계의 '내용 요소'와 '기능'을 2022 개정 교육과정에서는 '지식·이해, 과정·기능, 가치·태도'로 범주화하였다. 여기에서 각각의 범주는 진술상 분리된 것이므로 이 범주들을 통합하여 교육과정을 설계해야 한다(교육부, 2021b, p.74).

범주	의미
지식·이해	• 교과 학습을 통해 알아야 할 구체적 내용과 그것에 대한 이해의 내용을 포함 • 해당 교과 영역에서 알고 이해해야 할 내용 요소, 개념, 원리를 진술하되, 교과마다 진술 방식을 달리할 수 있음
과정·기능	• 지식 습득에 활용되는 사고 및 탐구 과정, 교과 고유의 절차적 지식 등을 의미 • 지식의 이해와 적용을 가능하게 하며, 학습의 결과 학생들이 교과 내용을 가지고 할 수 있어야 하는 구체적인 능력. 단 과정·기능이 교과 역량과 같은 것은 아님
가치·태도	• 교과 활동을 통해서 기를 수 있는 고유한 가치 및 태도를 의미 • 교과의 학습 과정에서 습득하는 교과 내용과 관련된 태도와 교과를 학습하여 내면화된 사람이 습득하게 되는 가치를 의미

◆ '깊이 있는 학습'의 이해

깊이 있는 학습은 교과의 핵심 내용에 대한 이해를 통해 삶에서 만나는 다양한 문제를 해결하는 능력을 갖추는 것이다. 벨란카는 깊이 있는 학습(deeper learning)이란 학생들이 핵심 지식을 연결하고 습득한 지식을 다른 지식이나 내용으로 융합하고 이를 결국 학교 밖의 문제 해결로 이끄는 것이라고 보았다(Bellanca, 2015). 이전의 학습이 학생들에게 많은 내용을 가르치는 것인 학습의 폭에 관심을 두었다면 학습의 깊이(deeper learning)로 관심의 전환이 필요하다는 것이다. 또한, 이러한 학습이 교실에만 머무는 것이 아니라, 다른 맥락으로 전이를 통해 학생들의 삶과의 연결을 지향한다.

그렇다면 깊이 있는 학습을 강조하는 이유는 무엇일까? 첫째, 학습량 과부하로 인해 학생들이 학교에서 해야 할 기초적이고 본질적인 내용을 학습할 시간이 부족하기 때문이다. 시대가 변할수록 사회의 요구나 필요로 인해 코딩교육이나 기후교육 등 새롭게 학습할 내용이 점차 늘어나고 있다. 이러한 이유로 학교에서 운동해야 할 시간, 친구랑 정서적인 관계를 맺거나 학습을 자기 것으로 만드는 시간 등은 오히려 부족하게 된다. OECD에서는 학습량 과부하에 따른 문제를 지적하면서 '학습의 질'에 대한 고민이 필요하다고 제안한다. 학습의 질을 확보하기 위해 다양한 맥락에서 전이될 수 있는 지식을 교육과정 설계에서 우선으로 고려해야 하고 학습량을 늘리는 대신 과목, 영역, 주제들을 연결하여 탐구하는 기회를 제공해야 함을 지적한다(OECD, 2020). 이러한 문제의식은 교육과정이 개정될 때마다 '학습량의 적정화'라는 이름으로 논의가 있었지만, 성취기준의 진술을 묶거나 내용을 연결하여 성취기준의 개수를 줄이는 방식으로 이 문제를 해결하고자 했다. 학습의 양 자체를 축소하는 접근뿐만 아니라, 학습의 '양'이 아닌 학습의 '질', 학습의 '폭'보다는 '깊이'에 집중하는 교사의 인식이 필요한 시기이다.

둘째, AI의 등장에 따라 '무엇을 가르칠 것인가?'에 근본적인 고민이 필요하게 되었기 때문이다. 산업혁명 시대에 필요한 지식의 형태와 지식 정보화 사회 또는 그것을 넘어서는 인공지능 시대에, 학교에서 무엇을 가르칠 것인가에 대한 고민의 양상에는 차이가 있다. 산업혁명 시대에는 학생들이 지식을 얼마나 많이 알고 있는지에 대한 질문이 유효했다면, 지식 정보화 사회에서는 학생들이 필요한 지식을 찾고, 이것을 분석하고 활용할 수 있는지가 중요하였다. 하지만 인공지능 시대에는 chatgpt나 인공지능이 그 역할을 대신할 수 있다. 이에 따라 이전 세대까지 중요하게 생각했던 내용 지식보다는 사고(思考)와 추론을 통한 개념이나 원리를 이해하고 이를 통해 문제를 해결하는 역량의 중요성이 더욱 주목받을 수 있다.

학생들과 같이 등교하다 보면 꽤 많은 학생이 핸드폰을 손에 든 채 숏폼(짧은 영상)을 보며 등교한다. 옆에서 보고 있으면 학생들은 그 영상의 내용을 시청한다기보다 자신에게 필요한 자극을 찾는 것처럼 보인다. 교실에서 학생들의 모습도 크게 다르지 않다. 학생들은 짧은 영상이나 화면의 자극에는 익숙하지만, 어떠한 문제에 대해 깊이 생각하고 자기 행동을 성찰하는 것은 힘들어한다. 이러한 현상은 미디어의 자극이 영향을 준 것이 분명해 보인다. 일상에서 학생들이 접하는 미디어의 자극이 늘어날수록 학교에서는 그것을 단절하고 조절하며 사고(思考)하는 경험을 제공할 필요가 있다.

♦ 깊이 있는 학습을 위한 전략

2022 개정 교육과정 총론에서는 역량 함양을 위해 깊이 있는 학습을 통해 학습자가 배울 내용을 자기 것으로 만들고 핵심 내용을 깊이 있게 배워 그것을 새로운 상황에 적용, 확장, 실천하는 역량을 함양하는 것을 목표로 한다. 이를 위해 2022 개정 교육과정에서는 깊이 있는 학습을 위한 4가지 교수·학습 방법 전략을 제시하고 있다.

학교는 깊이 있는 학습을 통해 핵심역량 함양 교수학습을 설계, 운영하기 위해

- 교과(목)의 핵심 아이디어를 중심으로 지식·이해, 과정·기능, 가치·태도를 유기적으로 연계한다.

- 교과 내 영역 간, 교과 간 내용 연계성을 고려하여 수업을 설계, 지도함으로써 학생들이 융합적으로 사고하고 창의적으로 문제를 해결하는 능력을 함양시킨다.

- 학습 내용을 실생활 맥락 속에서 이해하고 적용하는 기회를 제공함으로써 학교에서의 학습이 학생의 삶에 의미 있는 학습 경험이 되도록 한다.

- 학생이 여러 교과의 고유한 탐구 방법을 익히고 자신의 학습 과정과 학습 전략을 점검하며 개선하는 기회를 제공하여 스스로 탐구하고 학습할 수 있는 자기 주도 학습 능력을 함양할 수 있도록 한다(교육부, 2022c, pp.48-50).

전략 1. ─────────────── 핵심 아이디어 중심의 유기적 연계

핵심 아이디어(big idea)는 교과 영역에서 가장 중요하게 가르쳐야(배워야) 할 것은 무엇인지, 다른 하위 내용과 비교하여 우선 다루어야 할 것이 무엇인지에 대한 초점을 제공한다.

그렇다면 교사가 소수의 핵심 아이디어에 초점을 두어야 하는 이유는 무엇일까? 맥타이와 실버(2020)는 다음과 같이 4가지로 설명하고 있다. 첫째, 학교에서 너무 많은 정보를 다루는 데 제약이 있다. 지식의 폭발로 인해 정해진 시수 안에 우리가 학교에서 다룰 수 있는 정보는 제한적이기 때문이다. 둘째, 너무 많은 내용을 가르치려 노력하는 과정에서 학생들에게 단편적이고 피상적인 형태의 배움이 일어날 수 있다. 오히려, 소수의 핵심 내용과 전이 가능한 기능들에 관심을 둘 때 학생들이

핵심 아이디어로 학습의 의미를 만드는 일에 더 많은 시간을 확보하는 것이 가능하다. 학생들의 학습은 실제 맥락과 관련해서 의미 있는 방식으로 구성되어야 하며, 이러한 기회를 확대하는 것이 깊이 있는 학습을 가능하게 한다고 주장하였다. 셋째, '지식의 구조'를 탐색하는 과정에서 사고가 일어난다. 기초 지식과 전문가의 지식 구조에는 차이가 있는데, 기초 지식이 단순한 사실과 정보를 나열하는 것에 비해 전문가의 지식은 핵심 개념과 핵심 아이디어로 구조화되어 있다. 이러한 핵심 아이디어를 탐구하는 과정은 학생들의 사고를 이끌어 주는 역할을 한다. 넷째, 현대 사회가 급격하게 변하고 예측할 수 없으므로 학습의 전이 가능성이 강조되고 있다. 단순한 정보 암기는 그 자체로 학생이 새로운 상황에 효과적으로 적용하는 데 한계가 있으므로 다양한 맥락으로 전이를 위해 폭넓은 개념과 일반화에 대한 이해에 집중해야 한다.

이러한 논지는 브루너의 주장과도 일치한다(이홍우, 2017). 그는 학습자가 지식의 구조를 파악하는 과정에서 사고하며 탐구와 함께 배움이 일어난다고 보았다. 여기에서 중요한 것은 학생들의 배움을 지식의 구조와 연결하는 것이다. 여기에서 교사들은 현실의 문제에 부딪히게 된다. 제한된 시간 안에 배울 진도가 있는 상황에서 어떻게 모든 탐구를 할 수 있겠냐는 반문이다. 현장에서 모든 수업에서 탐구를 지향하며 수업하는 것은 불가능하며, 때로는 전달식 수업이 효율적일 때가 있다. 여기에서 강조하고 싶은 것은 교사가 교육과정을 설계할 때 학생들이 사실들을 일반화하여 핵심 개념이나 원리를 끌어내는 탐구의 기회를 제공할 필요가 있으며, 교사가 단순한 사실을 가르칠 때도 원리나 개념과 연결하여 가르치는 것이 학생의 이해에 도움을 준다는 것이다.

지식의 구조에서 상위에 있는 핵심 아이디어는 성취기준과 그 하위 범주인 지식·이해, 과정·기능, 가치·태도의 근거가 되며 이를 포괄한다. 이러한 내용 체계 구조에서, 교사는 핵심 아이디어를 각 교과의 성취기준, 지식·이해, 기능·과정, 가치·태도와의 관련성 측면에서 파악해야 한다. 다만 각 교과의 핵심 아이디어를 살펴보면, 핵심 아이디어가 어떠한 배경에서 만들어졌으며, 그 의미가 무엇인지를 구체적으로 제시하지 않았다. 이에 교사는 교과의 전문적인 지식체계를 바탕으로 핵심 아이디어, 성취기준, 내용 요소를 통해 단원 또는 그 영역에서 학생들에게 가르쳐야 할 가장 중요한 것이 무엇인지 해석해야 한다.

전략 2. ─────── 교과 내 영역 간 또는 교과 간 연계성 고려

깊이 있는 학습을 위해 교과 내 영역 간 또는 교과 간 연계성을 고려하여 수업을 설계할 수 있다. 한 교과 내 또는 교과 간 내용을 연결하는 것은 중복되는 학습 내용을 조정하여 시수를 줄이고 각 교과에서 중요하게 다루는 공통 개념(핵심 아이디어)들을 집중해서 학습하는 데 도움을 준다.

또한, 교과 내 및 교과 간 연계를 통해 통합적 사고를 지향할 수 있다. 이는 역량을 함양하는 교육과정의 목표와 밀접하게 연결된다. 역량은 실제 맥락에서 문제를 해결할 수 있는 능력인데, 이는 한 교과의 지식만이 아니라 다양한 교과의 지식이 통합적으로 작용하며 발현될 수 있다. 예를 들어 사회과의 '지역의 문제를 해결하기'의 교과 내용에는 이러한 문제를 제안하고 해결하는 글을 쓰는 국어과의 내용, 캠페인 포스터를 만드는 미술 교과 등 학생이 제안하는 지역 문제에 따라 다른 교과의 내용 등이 자연스럽게 연결될 수 있다.

깊이 있는 학습을 위해 학습 내용을 학생들의 실생활 속 맥락에서 이해하고 적용하는 기회를 제공함으로써 학생의 삶과 배움을 연결할 수 있다. 깊이 있는 학습을 위해 우리가 강조하는 것 중 하나는 학생들의 삶과 앎을 연결하는 것이다. 학생들이 배운 내용을 자기의 것으로 만드는 방법은 학습 내용과 학생의 삶을 하나로 잇는 것이다.

사실 이 말은 학교 현장에서 교사들이 자주 하는 이야기다. 그러면 배움과 삶을 연결한다는 것은 어떤 의미일까?

첫째, 학습활동에 학생들의 사례를 가져오는 것이다. 학생들에게 어떤 주제나 소재에 관한 경험을 묻거나 그들의 경험 자료를 수업에 활용하는 것이다. 예를 들면 학생들이 태어나서부터 초등학교 시절까지의 성장 흐름표 만들기를 할 때 학생들이 사진을 직접 가져올 수 있고, 또는 바른말 사용하기 수업을 진행할 때 실제 사용하는 모바일 메신저 자료를 활용하는 것이 이에 해당한다. 둘째, 배운 내용을 일상에서 해석하고 적용하는 것이다. 예를 들면 사회과의 희소성과 관련한 수업에서 마스크가 품절일 때 마스크의 가격이 올라가거나 편의점에서 인기 있는 빵이 금세 동날 때 가격을 올리는 현상을 수업에 적용하고 해석할 수 있다. 셋째, 학생들의 요구나 흥미를 교육과정에 반영하는 것이다. 이는 학생들이 해결하고 싶은 문제나 관심 있는 주제를 교과 내용과 연결 지어 학습하는 것을 뜻한다. 학생들의 요구나 흥미를 반영함으로써 학생들은 그 과제에 자발적으로 참여할 수 있으며 수업 과정에 다양하게 활용할 수 있다. 수업의 도입에서는 학생들이 하고 싶은 것이나 배우고 싶은 것과 교과 내용을 연결 지어서 배울 내용을 설계할 수 있으며, 수업의 과정에서는 학생들이 어떻게 배울 것인지의 탐구 방법을 결정하거나 수행과제에서 동영상, 글, 역할극 등 표현 방식을 선택할 수 있다. 평가 과정에서는 자기평가를 강조하여 학습의 과정과 결과를 평가할 수 있다.

덧붙여 학생들의 경험과 앎을 연결하기 위해 교사는 학생들이 배웠다면 '실생활에서 무엇을 할 수 있을까?', '어떠한 문제를 해결할 수 있을까?', '학생들은 많이 배웠지만 얼마나 학생들의 삶과 연결되었을까?'를 염두에 두고 교육과정을 설계하고 실천할 수 있다. 예를 들어, 국어과의 '마음을 표현하는 대화하기' 수업할 때 학생들은 교과서 속 주어진 상황에서는 알맞은 감정을 나타내어 대화할 수 있으나, 삶의 실제 상황에서는 감정을 드러내며 대화하기가 어려운 경우도 많다. 책 속의 역할극에서는 감정을 드러내며 상황에 맞는 대화를 할 수 있지만, 교실에서 친구 간의 다툼이 있을 때 자신의 감정을 표현하며 긍정적인 대화로 문제를 해결하기는 결코 쉬운 일이 아니다. 여기에서 중요한 것은 학생들이 역할극을 해내거나 해결 방법을 아는 것에 그치는 것이 아니라 실제 갈등 상황에서 문제를 해결하며 대화하는 것이다. 이를 위해서는 학생들이 감정을 표현하는 대화의 필요성을 느끼며 수업에 참여하는 것이 중요하다. 교실에서 하는 활동들이 자기 삶과 밀접하게 연결되어 있다고 생각할 때 학생들은 몰입하며 배움은 일어난다.

전략 4. ———————————————— **자신의 학습을 성찰하기**

깊이 있는 학습을 위한 네 번째 전략은 학생이 자신의 학습 과정과 학습 전략 및 학습 결과를 점검하는 기회를 제공하도록 하는 것이다. 이것은 '학습에 대해 생각'하는 메타인지 과정으로 학생들 스스로 문제를 해결하기 위해 계획을 세우고 실천하는 과정이 필요하다. 메타인지를 활용하여 수업을 계획할 때 학생들의 학년 수준 및 이전 경험에 따라 교육과정 설계 방법에는 차이가 있을 수 있다. 그렇지만 학습의 과정 및 결과에서 유형화하여 공통으로 적용할 수 있는 학습을 성찰하는 방법은 학생과 교사가 질문하는 것이다. 나는 어떤 단원을 배우고, 내가 지금 배우고 있는 차시는 단원의 어디에 위치하는가? 내가 배우는 것은 나의 생활과 어떻게 연결할 수 있을 것인가? 내가 배우는 부분 중 이해가 되지 않는 부분은 무엇인가? 이번 단원의 배움을 위해 나에게 필요한 전략(도구나 방법)은 무엇인가? 이러한 질문들은 단원의 시작과 중간 지점, 그리고 단원의 마무리 등 배우는 과정에 따라 적용할 수 있다. 단원의 초기에는 내가 알고 싶은 것은 무엇인가? 내가 이전에 알고 있던 것은 무엇인가? 이 단원에서 내가 배우고 할 수 있어야 하는 것은 무엇인가? 등의 질문에 무게를 둔다면, 학습의 중간에서는 내가 지금 배우는 것은 무엇이며 이해가 되지 않는 것은 무엇인가? 마무리에서는 다음 학습을 위해서 내가 준비할 것은 무엇인가?와 내가 학습에서 사용했던 전략 중 의미 있거나 아쉬웠던 점들에 대한 반성에 중점을 둘 수 있다.

♦ 학습자 주도성을 길러주는 교육과정

2022 개정 교육과정에서 중요한 화두로 제시된 것은 학생의 자기 주도성(agency)이다. agency의 개념은 논의되었던 초기에는 '행위 주체성'으로 번역되었다가 최근 '자기 주도성'으로 통용되어 사용되고 있다. 자

기 주도성(agency)은 자기 삶과 주변 세계에 긍정적으로 영향을 미치는 능력, 의지, 신념을 뜻한다(OECD, 2019). 이는 학생이 스스로 삶과 학습의 목표를 세우고 이를 달성하기 위해 노력하며 결과에 책임을 느끼고 주위 세계에 긍정적인 영향을 미치는 것이다.

자기 주도성(agency)은 공공 주도성(co-agency)과 본질적으로 연결되어 있다. 교실에서의 '나'를 '우리'와 분리할 수 없으며, 실제 사태에서 발생하는 문제와 해결해야 할 일들은 공공성과 결부되기 때문이다.

이와 같은 자기 주도성을 개발하기 위한 교육과정 설계 전략에서 중요한 것은 첫째, 학습 상황을 학생 스스로 파악하는 것이 우선되어야 한다는 것이다. 당연한 이야기 같지만, 실제 수업에서 본다면 학생들은 교사의 주도적 계획하에 각 활동에 수동적으로 참여하는 경우가 많다. 수업 중 아이들에게 "지금 뭘 배우고 있지?", "우리가 지금 배우는 것은 단원의 어느 부분에 해당할까?"와 같은 질문을 던지면 교실은 몇 초간의 정적이 흐를 때가 있다. 그러나 학생이 지금 배우고 있는 내용은 전체 단원에서 어느 부분에 위치하는지, 앞으로 배울 것은 무엇인지, 내가 배우는 것이 어떤 의미가 있는지에 대한 이해는 가장 기본이 되어야 한다.

학습자 주도성을 기르기 위한 교육과정 설계에서 중요한 두 번째는 학생들이 학습에서 자신이 계획하고 실행할 기회를 가지는 것이다. 예를 들이 진시회나 공간에 대한 프로젝트를 진행할 때 단순히 학생들에게 역할을 부여하기보다는, "전시회를 위해 이 공간을 어떻게 꾸밀 수 있을까?"라는 질문을 통해 학생들이 주체적으로 학습에 참여할 기회를 제공할 수 있다. 이처럼 교사가 교육과정을 설계하거나 실천할 때 학생 주도의 참여를 어떻게 보장할 것인가에 대한 고민이 필요하다.

다음으로, 학습에 대한 성찰이 필요하다. 학습에 대한 성찰은 학습의 계획(plan)-실행(action)-반성(reflection)-계획-실행-반성으로 반복·순환하며 이루어진다. 학생이 계획한 학습이 잘 이루어졌는지 반성하고 이를 다음 계획에 반영함으로써 학생들 스스로 학습의 주도권을 가지고 학습에 참여할 수 있다.

3. 이해중심 교육과정의 이해[1]

◆ 이해중심 교육과정이란?

학부모 공개 수업에서 일어난 일이다. 교사가 한 시간의 수업을 열심히 한 후 학생들에게 질문했다. "이번 시간에 배운 내용이 뭐죠?" 했더니 한 학생이 자신 있게 손을 들며 이야기했다. "게임이요." 순간 정적이 흘렀지만 다행히 종이 쳐서 수업은 마무리되었다.

이러한 상황은 교사들이라면 누구나 한 번쯤 경험해 봤을 것이다. 교수·학습활동을 계획하고 재미있게 수업했지만, 학생들에게 무엇을 배웠는지 물었을 때 교사가 의도한 내용은 사라지고 활동만 남았던 경험은 누구에게나 있을 것이다. 또한, 한 단원이 끝나거나 한 학기가 끝난 후 지나간 시간을 되돌아보며 무엇을 가르쳤지? 이것을 왜 가르쳤지? 라는 고민이 생기는 순간이 있다.

이해중심 교육과정은 이처럼 학습이 활동 자체에 머무는 상황에 대해 문제를 제기한다. 교과서를 중심에 두고 차시를 어떻게 가르칠 것인가에 관심을 두고 활동하다 보면 이번 단원에서 중요하게 배워야 할 것을 놓칠 수 있다. 또한, 학생들의 재미나 교과서 한 차시를 중심으로 수

---

[1] 이해중심 교육과정의 내용은 저자의 박사학위 논문 일부를 발췌, 요약하였다.

업하다 보면 낱낱의 활동들이 연결되지 않고 한 차시로 끝나버리는 경우가 있다. 예를 들어, 봄에 관한 내용을 주제로 할 때, 봄에 대한 노래, 봄에 먹을 수 있는 과일, 봄을 주제로 하는 활동들을 나열하고, 교사들은 이 정해진 교육 내용을 학생들에게 어떻게 효과적으로 전달할 수 있는지에 관심을 두곤 한다. 하지만 이해중심 교육과정의 측면에서 볼 때, 단원에서 나열한 활동들을 배우는 것이 단원의 목표를 달성하는 것과 일치하는지 의문이 생긴다.

이해중심 교육과정(Understanding by design)은 위긴스와 맥타이(2005)가 주창한 교육과정 설계 방식으로, 교수·학습의 과정에서 교사의 주체적인 설계를 강조하고 학생들의 '이해'의 달성을 목표로 한다. 이해중심 교육과정은 이러한 설계를 통해, 지식과 개념, 원리를 통합하여 지식의 전이가 가능하다는 점을 주목하고 있다. 여기에서 '이해'는 단순한 지식을 안다는 차원을 넘어서서 깊이 있는 학습을 목적으로 한다. 학생들이 단순히 지식을 재현하는 수준의 이해가 아니라 학생들이 추론을 통하여 지식이나 원리를 내면화해서 적용하는 '전이'를 목표로 한다.

전이란 무엇인가? 전이는 배운 내용을 다른 맥락에 적용할 수 있는 능력을 말한다. 이는 배운 내용을 특정 상황에 연결하여 해결하는 적용과는 차이가 있다. 적용이 배운 내용을 확인하거나 익히는 데 관심이 있다면, 전이는 이것을 넘어서서 배운 내용을 다른 맥락으로 확장하는 것을 강조한다. 이 둘의 경계를 엄밀하게 나누기는 상당히 어려운 일이다. 예를 들어, 전이란 학생들이 '분류'라는 개념을 잘 배웠다면 교사가 제시하는 문제를 해결하는 것을 넘어서서, 다른 교과에도 분류를 적용할 수 있고, 나아가 일상생활에서도 기준을 세워서 나누어 보는 경험으로까지 확장하기를 기대할 수 있는 것이다.

✦ 전통적 교육과정과 이해중심 교육과정의 차이

이해중심 교육과정은 백워드 설계라고도 부른다. 그렇게 불리는 이유는 평가를 교육목표의 설정 단계에서 고려하기 때문이다. 1970년대부터 전통적으로 이어져 온 교육과정 모형인 타일러(1949)의 '목표 중심 교육과정'은 교육목표의 설정 》 학습 내용의 선정 》 학습 경험의 조직 》 평가의 네 단계로 이루어졌으며, 주로 평가를 설계 모형의 마지막 단계에서 고려하였다.

하지만 이러한 방식과 다르게 이해중심 교육과정에서는 학생들의 이해를 목표로 세운 다음, 평가를 계획한다. 그런 후에 구체적인 교수·학습활동을 설계한다. 이때의 평가는 학생들이 이해했는지를 드러낼 수 있는 수행과제의 형태로 개발하며, 교수·학습 활동들은 수행과제 해결을 위해 필요한 활동들을 선정한다.

단순한 설계 방식에서의 차이뿐만 아니라, 교육목표에 접근하는 방식에도 차이가 있다. 이전의 접근 방법은 교사가 학생들에게 가르쳐야 할 내용을 파악하고 학습 내용을 선정하거나 배열하는 것에 관심을 가졌다. 즉, 전통적인 방식의 교육과정 설계는 정해진 내용을 어떻게 가르칠 것인지에 좀 더 관심을 두었다면 이해중심 교육과정은 학생들이 우선해서 배워야 할 것은 무엇인지, 단원을 배우고 무엇을 알고 하기를 기대하는지, 목표를 설정하는 것에 중점을 둔다는 것을 강조한다.

◆ 이해중심 교육과정은 깊이 있는 학습과 어떻게 연결되는가?

첫째, '이해'와 '전이'를 강조하고 있다는 것이다. 개정 교육과정에서 강조하고 있는 깊이 있는 학습이란 핵심 내용을 배워 그것을 새로운 상황에 연결하고 실천하는 역량을 함양하는 것을 말한다. 이것은 이해중심 교육과정에서 교과의 구조가 되는 핵심 내용을 다루는 '이해', 학습을 연결하고 확장하여 수행하는 '전이'의 개념을 강조하는 것과 같은 맥락을 가지고 있다. 학생들이 배운 내용을 다양한 맥락으로 연결하기 위해서는 '이해'가 필요한데 '이해(understanding)'의 성격을 지닌 것이 총론의 내용 체계에서 제시하는 '핵심 아이디어'이다. 핵심 아이디어는 교과의 핵심개념과 원리를 제시한 진술문으로 학생들의 학습에 방향과 초점을 제시하고 깊이 있는 학습을 가능하게 한다(교육부, 2021b, 2021d).

둘째, 학습 방법의 측면에서 사고와 탐구를 중요시한다. 이해중심 교육과정에서는 교사가 학생들의 이해를 위해 전달하는 방식으로 수업을 주로 한다면, 일상생활에서의 전이가 이루어지기는 어렵다고 본다. 왜냐하면 지식을 수동적으로 전달받기만 한 후 상황과 맥락이 달라지면 결국 적용이 어려워지기 때문이다. 학생들이 사고와 탐구를 통해 주도적으로 지식을 재구성해야 학생이 진정으로 이해할 수 있으며, 전이가 가능하다. 2022 개정 교육과정 총론에서도 깊이 있는 학습을 위해 학생이 주체적으로 각 교과의 고유한 탐구 방법을 익혀 학습할 수 있어야 함을 제시하고 있다.

♦ '이해'를 위한 교육과정 설계에서 중요한 것

개정 교육과정에서 '핵심 아이디어'는 학습을 통해 일반화할 수 있는 내용을 핵심적으로 제시한 것으로 학생들이 성취하기를 기대하는 결과이면서 교수·학습 과정에서 지속해서 주목해야 할 내용으로 구성하였다. 또한, 학생들이 단원 또는 해당 영역에 걸쳐 이해해야 할 것이 무엇인지를 진술하였다. 교사는 이러한 어구나 진술문을 초점에 두고 학생들이 배우며 수행하기를 바라는 것이다. 이러한 목표는 교사의 설계 언어가 아닌 학생들의 언어로 진술되거나 수행의 형태로 드러나야 한다.

다음으로, '이해'를 위한 중요한 다른 지점은 학습의 공간을 교실로 제한해서는 안 된다는 것이다. 교사들은 학생들이 수업에서 배운 것들을 실생활 맥락에서 역량의 모습으로 구현하기를 '기대'한다. 원리나 개념도 학생들이 다양한 맥락에 적용할 것이라 가정하고 이후의 학습은 학생 몫으로 남겨둔다. 이러한 배움의 과정에서 학생들의 역량이 발현될 수 있을까? 여기에서 개념이나 핵심 아이디어는 다양한 맥락을 전제하고 있으므로, 교실의 수업에서 그 기회를 제공하거나 경험을 다시 교실로 환원시키는 것이 필요하다.

그렇다면 여기서 중요한 것은 이러한 기대 또는 목표를 교육과정 설계 단계에서 고려해야 한다는 것이다. 이는 학생들이 학습한 결과 특정한 상황에서 학생들이 해낼 수 있을 거라는 막연한 기대로 멈추는 것이 아니라, 주어진 상황에서 학생들의 수행이 드러나도록 핵심 아이디어를 초점으로 하는 구체적인 목표를 잡고 교육과정을 설계하는 것이 필요하다는 말이다.

♦ 이해중심 교육과정 속 '이해'의 여섯 가지 측면

위긴스와 맥타이(2005)가 제안하는 이해의 6가지 측면은 설명 (explanation), 해석(interpretation), 적용(application), 관점(perspective), 공감 (empathy), 자기 지식(self-knowledge)이다.

설명은 학생이 다양한 현상이나 학습자료를 파악하고 그 속에 있는 개념을 이해하고 그들 사이의 관계를 파악하는 과정이 포함되어야 한다. 해석은 학생이 자신의 주관성을 바탕으로 자료의 의미를 구성하는 것이다. 적용은 실제적인 맥락에서 지식을 활용할 기회를 제공하는 데 있다. 관점은 학습자 자신의 비판적 평가에 초점을 맞추어야 하며 여기에는 정확한 준거나 기준이 있어야 한다. 공감은 타인의 시각으로 자료를 바라보고 그들의 세계관을 이해하고 공감하는 것이다. 자기 지식은 학습자가 자신의 행위와 사고를 바라보며 자기 내면에 대해 이해하는 것이다(김병일, 황철형, 정상원, 2021).

토론 수업에서 6가지 이해의 측면을 활용한 수업 활동의 예시

이해 수준	예시
설명 (explanation)	토론의 규칙과 절차를 글과 간단한 이미지를 활용하여 설명하기
해석 (interpretation)	자료를 탐색하여 자신의 의견을 뒷받침할 수 있는 근거자료로 선정하는 것
적용 (application)	국어 수업 중 학습한 토론의 절차와 방법을 익혀 다른 과목 수업 시간에 의사결정을 위한 토론에 활용하기
관점 (perspective)	다양한 의견 중 비판적으로 사고하며 의견의 장단점을 평가한 후 자신의 의견을 정하는 것

공감 (empathy)	토론 활동 중 주제와 관련한 이해관계가 있는 인물의 인터뷰나 편지 등을 살펴본 후 자신의 입장을 정리하는 것
자기지식 (self-knowledge)	토론 주제에 대해 자신이 처음 가졌던 의견과 토론 후 결과적으로 가지게 된 의견을 돌아본 후 성찰하기

이러한 이해의 여섯 가지 측면은 평가계획 단계에서 위긴스와 맥타이가 제안하는 설명, 해석, 적용, 관점, 공감, 자기 지식의 측면을 고려할 수 있다. 수행과제를 개발할 때 각 요소를 모두 포함하여 구성하기보다는 해당 이해의 알맞은 측면에 초점을 맞추어 수행과제를 설계할 수 있다. 여기에서 교사는 교사가 목표로 하는 이해가 여섯 가지 측면에서 어떠한 지식체계에 포함되는지를 파악하고 이에 알맞은 이해의 측면을 강조할 필요가 있다.

♦ **핵심질문** essential questions

몇 년간 교사 생활을 하면서, 교과서의 모든 지식을 가르치는 것은 늘 버거운 일이었다. 학기 말이 되면 진도에 쫓기듯 교과서를 달리듯 수업하게 되는 경우가 있었는데, 많은 내용을 전달한다고 해도 수업이 끝나고 학생들이 그 내용을 이해하지 못한 장면들을 목격할 때가 있다. 이러한 어려움을 해결하기 위해서는 교과서의 진도를 넘어서 소수의 핵심 개념으로 내용을 통합하여 깊이 있게 가르치는 것이 필요하다.

우리는 수업 시간에 학생들을 향해 많은 질문을 하고 있다. 대부분은 학생들의 이해를 확인하는 "알겠어?", "어떻게 할 수 있을까?"인데 때에 따라서는 좀 더 열린 질문으로 학생들에게 생각할 기회를 제공하기도 한다.

여기에서 제안하는 이해중심 교육과정의 핵심질문은 학생들에게 가르쳐야 할 중요한 내용인 핵심 아이디어(understanding)로 향하는 문이다.

맥타이와 위긴스(2016.p.26)에 따르면 핵심질문에는 여섯 가지 특징이 있다. 첫째, 개방형이다. 정답이 하나로 결정된 것이 아니라 사고 과정에 따라 다양한 정답이 열려있다. 둘째, 사고를 유발하고 지적으로 몰입하게 한다. 이러한 과정에서 학생들은 사고하며 학생들 간의 논쟁이나 토론이 유발될 수 있다. 셋째, 고차원적인 사고를 요구한다. 단순하게 아는 것의 차원을 넘어서 분석, 추론, 평가, 예측의 고차원적인 사고가 필요하다. 사고의 과정이 복잡하므로 단순히 암기한 지식을 나열해서는 답을 찾기 어렵다. 넷째, 과목 내에서 또는 과목을 초월해서 중요하고 다른 분야까지 적용할 수 있는 생각을 유도한다. 다섯째, 부가적인 질문을 제기하고 추가적인 탐구 활동을 촉발한다. 여섯째, 답을 요구할 뿐만이 아니라 질문에 따른 탐구 과정과 근거들이 필요하다. 일곱째, 시간이 지나면서 질문은 반복된다.

이러한 핵심질문의 특성을 고려하여 단원을 설계할 수 있다. 단원에서 도달해야 할 목표를 한 가지 핵심질문으로 만들고 그 질문에 따른 하위 차시 요소들을 구성하여 단원을 설계하는 것이다. 예를 들어, 과학과의 빛과 렌즈의 단원에서 핵심질문은 '빛은 어떻게 굴절되는가?'로 설정하고 하위의 차시 질문들을 구성하는 것이다. 빛이 유리나 물질을 통과하면 어떻게 될까? 물속에 잠긴 물체는 어떻게 보일까? 빛이 볼록렌즈를 통과하면 어떻게 될까? 볼록렌즈로 물체를 보면 어떻게 보일까? 볼록렌즈는 우리 생활에 어떻게 이용할 수 있을까? 등 단원의 핵심질문과 차시 질문의 연결로 단원을 설계할 수 있다.

✦ 이해중심 교육과정의 설계

　이해중심 교육과정의 설계는 1단계 '바라는 결과 확인하기', 2단계 '수용 가능한 증거 결정하기', 3단계 '학습 경험과 수업 계획하기'로 구성하고 있다. 1단계는 단원의 목표를 세우고 2단계는 평가를 계획하고 3단계는 학습활동을 구성하는 단계이다.

> **1단계: 바라는 결과 확인하기(목표 세우기)**

> **2단계: 수용 가능한 증거 결정하기(평가 계획하기)**

> **3단계: 학습 경험 계획하기(학습활동 구성하기)**

　이해중심 교육과정의 설계는 위긴스와 맥타이(2005; 2012)의 이론적 맥락에서 들어온 것이라서 그 내용이 다소 복잡하거나 그 용어들을 이해하는 데 어려움이 있다. 그래서 설계 단계마다 교사가 고려해야 할 것들을 질문의 형태로 다음과 같이 제시한다.

이해중심 교육과정 설계의 단계	주요 질문	이해중심 교육과정 용어의 재해석[2]
바라는 결과 확인하기	• 단원이 끝나고 학생들이 무엇을 알고 할 수 있기를 기대하는가? • 이 단원에서 학생들이 중요하게 배워야 하는 것은 무엇인가? • 단원에서 학생들의 사고와 탐구를 위한 핵심질문 은 무엇인가?	목표 세우기
수용 가능한 증거 결정하기	• 학생들이 이해했다는 것을 어떻게 확인할 수 있는 가?	평가 계획하기
학습 경험 계획하기	• 학습활동 구성을 어떻게 할 것인가?	학습활동 구성 하기

1단계는 '바라는 결과 확인하기'로 목표를 세우는 단계이다. 단원을 통해 학생들이 배워야 하고 할 수 있어야 하는 것이 무엇인지를 구체화하는 단계로서 이 단원이 끝나고 학생들이 무엇을 배워야 하는가? 이 단원을 배우고 무엇을 하기를 기대하는가? 이 단원을 왜 가르쳐야 하는가? 라는 질문의 답을 구체화하는 단계이다. 교사는 학생들이 배우는 내용과 일상생활의 맥락을 어떻게 연결해야 하며 내용 체계에서 제시하는 단순한 지식뿐만 아니라 교과에서 요구하는 지식·이해, 과정·기능, 가치·태도나 핵심 아이디어 등을 활용하여 학생들이 달성해야 하는 목표가 무엇인지를 분석해야 한다.

1단계에서는 크게 전이(Transfer), 의미(Meaning), 습득(Acquisition)을 고려한다. 의미(Meaning)는 구체적인 이해와 핵심질문으로 나누어지는데 핵심질문(essential question)은 깊이 있는 학습을 안내하고 지원하는 역

---

2 위긴스와 맥타이(2005)가 제시하는 용어를 한국 교실에 상황을 고려하여 재구성하였다.

할을 한다. 그리고 학습자는 지식과 기능을 습득(Acquisition)하고 지식의 추론 과정을 거쳐 이해에 도달하며 이를 전이(Transfer)할 수 있어야 한다.

이해중심 교육과정에서 2단계 '수용 가능한 증거 결정하기'는 평가를 계획하는 단계이다. 이 단계는 학생들이 이해한 것을 어떻게 확인할 수 있는지를 결정하는 단계로서 학생들이 이해에 도달했는가를 확인하는 평가의 단계이다. 이해의 정도를 확인하기 위해 수행과제의 구성 전략으로는 'GRASPS'가 있다. 이 모델은 학생들의 수행을 확인하기 위한 실제 맥락과 유사한 상황을 제공하는 것으로 G(Goal)는 목표, R(Role)은 역할, A(Audience)는 청중, S(Situation)는 상황, P(Performance)는 수행, S(Standards)는 기준을 뜻하며, 이들의 앞 글자를 따와서 GRASPS 모델이라고 한다.

이는 교사가 수행과제를 구성하는 데 있어 하나의 조직자(guide) 역할을 하며, 구체적으로는 수행과제의 목표, 수행과제에서 학생들이 맡는 역할, 수행해야 할 과제, 과제의 대상이 되는 청중, 과제가 수행되는 맥락, 과제를 평가하는 기준을 의미한다(Wiggins & McTighe, 2005). 예를 들어 설득하는 글쓰기에서 내가 실제로 설득해야 하는 목표가 무엇이며 설득의 청중(대상), 내가 해야 할 역할과 상황, 설득했다면 만족해야 할 기준들을 제공하여 실제 맥락에서 상황학습이 가능하게 조직할 수 있는 도움을 준다.

GRASPS의 예시	
G(Goal) 목표	자신이 선택한 생물(미생물)을 소개하고 우리 생활과 관련이 있음을 설명할 수 있다.
R(Role) 역할	미생물학자
A(Audience) 청중	미생물을 배우고 있는 5학년 학생들
S(Situation) 상황	자연계에는 아직 우리가 접하지 못한 무수한 미생물이 있습니다. 그래서 여러분은 미생물학자가 되어 미생물(세균, 균류, 원생생물)에 대해 탐구하고 그 탐구 결과를 친구들에게 소개해야 합니다.
P(Performance) 수행	자료를 갖추어 발표하기
S(Standards) 기준	미생물의 특징, 생활에 미치는 영향, 첨단 생활 과학에서의 활용 가능성을 포함하여 소개하기(내용의 정확성) 탐구하는 미생물에 대한 다양한 정보 제시하기(정보의 다양성) 내용을 명확하고 쉽게 설명하기(내용의 전달성)

 이해중심 교육과정의 3단계는 학습 경험을 계획(학습활동 구성)하는 단계이다. 1단계의 바라는 결과(목표 세우기)의 달성과 2단계인 '수용 가능한 증거 결정하기(평가 계획하기)'를 고려하여 학습 경험(학습활동 구성)을 계획한다. 이 단계에서 도움을 주는 조직자는 WHERETO인데 W(Where and why)는 '학습의 방향은 어디인가?' H(Hook)는 '어떻게 동기를 유발할 것인가?' E1(Explores and equip)은 '어떠한 학습 경험을 제공할 것인가?', R(Reflect)은 '어떻게 다시 생각하고 수정할 것인가?' E2(Evaluation)는 '학생들이 자신의 학습을 스스로 평가할 것인가?' T(Tailor)는 '학습자들의 수준을 어떻게 맞출 것인가?', O(Organize)는 '학습을 어떻게 조직하고 순서를 정할 것인가?'(강현석 외, 2019, p.238)로 다양한 질문 등을 통해 학습 경험을 효과적으로 계획했는지 점검할 수 있다.

◆ 이해중심 교육과정을 실천하기 위한 다양한 전략

이해중심 교육과정을 실천하기 위한 첫 번째 전략은 설계의 단계를 고정된 것으로 보지 않는 것이다. 설계의 방식은 1단계에서 3단계로 한 방향의 성격을 띠는 것은 아니다. 또한 1단계 안에서도 목표 설정하기 (성취기준) → 전이(transfer) → 의미(meaning) → 핵심질문(essential questions) → 습득(지식과 기능)의 순으로 정해진 것은 아니다. 내용 체계 표에 제시된 영역, 핵심 아이디어를 읽고 교사용 지도서의 습득(지식·이해, 과정·기능, 가치·태도, 단원 개관)을 보다가도 다시 내용 체계 표와 성취기준으로 돌아와 단원의 의도를 해석할 수도 있다. 예를 들어, 성취기준에서 제시하는 내용 요소를 파악하고 그 후 성취기준과의 연관성을 찾아서 학생들이 이 단원에서 학생들이 배워야 할 목표를 설정하기도 한다. 오히려 이러한 과정은 단계에 따라야 하기보다는 여러 가지 교육과정의 자료를 통해 '바라는 결과(목표)'를 찾기 위해 다양한 교육과정 자료를 연결 짓고 종합적으로 파악하는 과정이라고 보는 것이 더 타당할 것이다.

이러한 과정은 1단계 안에서만 이루어지는 것이 아니라, 단계를 뛰어넘어서도 이루어진다. 1단계의 '목표 세우기'와 2단계의 '평가 계획하기' 사이에서도 일어난다. 평가를 계획하는 단계에서 수행과제를 정한 후 설정한 목표의 세부 내용이 바뀔 수도 있다.

두 번째는 핵심 아이디어 해석하기이다. 이해중심 교육과정 설계안을 성취기준 중심으로 준비하는 예도 있다. 물론 성취기준이 지식·이해, 과정·기능, 가치·태도를 고려하여 해당 단원에서 가르쳐야 할 내용으로 구성한 것이지만, 여기에서 고려해야 할 것은 성취기준뿐만 아니라 내용 체계의 핵심 아이디어도 확인할 필요가 있다. 이 단원이 내용 체계에서 어떤 위치에 있으며 학생들은 왜 이 단원을 배우고 무엇이 중요한 내용인지를 탐색해야 한다.

내용 체계 표를 분석하는 것은 해당 학년뿐만 아니라 이전 학년과 이후 학년에 배워야 하는 것의 계열성을 파악하는 것에도 효과적이다. 게다가 교사용 지도서의 단원 개관을 통해 집필진이 어떠한 의도를 통해 단원을 구성했는지도 파악해야 한다. 이러한 자료들을 분석한 이후에 설계를 진행해야 한다. 다양한 자료를 바탕으로 이 단원에서 가르쳐야 할 것이 무엇인지를 조망하고 이에 초점을 두는 것이다. 설계 시에 단순히 핵심 아이디어 문구를 교수·학습과정안에 넣는 것은 형식적인 차원에 그칠 수 있다. 교사가 교육과정을 설계하는 관점에서 '이 단원과 핵심 아이디어, 성취기준과 내용 요소는 어떠한 관계가 있을까?' '여기에서 아이들에게 가르쳐야 할 핵심 내용은 무엇인가?' '이 단원이 끝나면 학생들이 수행하길 기대하는 모습은 어떠한가?' 등을 고민해야 한다.

세 번째는 전이를 학생의 삶과 연결하는 것이다. 위긴스와 맥타이 (2005; 2011)에 따르면 전이는 학생들의 이해를 새로운 맥락에 적용하는 것이다. 하지만 단원 수업에서 새로운 맥락의 상황을 학생들에게 제공하기는 어렵다. 실제 한 교과를 중심으로 설계하였을 때 다른 교과와 연결 짓기가 쉽지 않고, 학생의 삶에서 전이가 이루어진 수행의 모습을 교사가 발견하기는 사실 어렵기 때문이다. 이를 해결하기 위해, 교사는 교실의 맥락에서 학생들에게 이해한 것을 적용할 수 있는 상황을 제공하는 것과 전이를 학생들의 삶과 연결해서 설계해야 한다. 교실의 수업이 끝나면 학생들이 일상에서 배운 내용을 수행할 것이라는 막연한 기대만이 아니라 수업 설계에서부터 이를 고려해야 한다. 이에 대해 교사들은 전이를 1단계의 목표로 설정하고 2단계의 평가를 계획할 때 학생들이 실생활이나 새로운 맥락에서 구현할 수 있는 수행과제를 설계할 필요가 있다. 학생이 진정으로 이해했는지에 대한 궁극적인 평가는 전이 능력과 관련되며 새로운 문제 상황에 맞닥뜨렸을 때 학생이 스스로 판단하고 적용할 수 있어야 한다(강현석, 이지은, 배은미, 2019).

이를 구현하기 위해 설계한 단원의 이해를 위해 다음 예시를 보자. 학생들이 일상생활에서 경험하는 시장과 소비의 경험을 통해 생산의 개념을 유추해 보고, '나의 경제활동 탐구 보고서'를 작성하는 것으로 수행과제를 제시했다. 학생들이 일주일 동안 소비한 재화나 서비스를 분석해서 이를 통해 '나의 경제생활'에서 생산이나 시장, 소비가 어떻게 이루어지는지를 탐구하는 것이다. 이를 위해 학생들은 일주일 동안 시장에 다녀왔던 영수증이나 소비한 물건 포장지를 수집했다. 학생들은 자신이 소비했던 재화나 서비스를 분석하면서, 지역 간의 경제활동이 밀접하게 연관되는지를 분석하고, 학생들의 삶에서 생산, 시장, 소비가 어떻게 이루어지는지를 이해하게 되었다.

교사들은 삶의 맥락과 연결하는 단원의 설계가 중요하다고 보았다. 이 단원이 끝나도 학생들이 경제생활을 하면서, 이러한 배움의 요소들을 적용하고 판단할 수 있는 전이가 가능하다고 보기 때문이다.

교육과정을 학생의 삶과 연결하기 위해 교사들은 다음과 같은 요소를 고려했다. 첫째, 수행과제에서 학생들이 이 수업이 끝나고 수행해야 할 것들에 대해서 구체화했다. 전이의 내용을 교수·학습과정안에 기록할 때 추상적인 문장으로 기록할 것이 아니라 학생들이 이 단원의 수업을 통해서 배우는 것들이 어떻게 적용될 수 있을지 구체적으로 기술했다. 둘째, 기능의 요소를 세밀하게 고려하였다. 기능은 절차적 지식으로 학생들이 지식의 요소를 어떠한 과정과 탐구를 통해서 습득할 것인가를 제시하는 요소이다. 위 단원의 핵심 기능은 '생활에서 생산과 소비가 어떻게 일어나는지 조사하기'였다. 기능을 총론에 제시한 형태를 그대로 복사하지 않고 단원의 내용에 따라 구체화하고, 이를 차시 내용에 반영함으로써 수업 활동을 통해 전이의 구현 가능성을 모색하였다.

이해중심 교육과정을 실천하기 위한 전략, 세 번째는 구조적으로 수행과제를 설계하는 것이다. 수행과제는 이해의 증거를 포괄적으로 수집하는 것으로 학생의 이해를 확인하고 피드백하는 데 도움을 준다. 수행과제는 학생의 이해를 확인하기 위한 하나의 상황이나 일시적인 장면으로 제시하기보다는 이해의 증거들을 누적해서 학습의 과정을 연속적으로 기록하는 것이 효과적이다. 예를 들어, 사회과의 '지역의 위치와 특성' 단원에서 학생들은 단원에서 배웠던 축척, 방위 등 지식과 개념을 활용하여 주말 여행계획(수행과제)을 짤 수 있었다. 그뿐만 아니라, 사회과의 '지역의 공공기관과 주민 참여' 단원에서 학생들이 지역 문제 해결에 참여하는 과제도 해결 문제를 찾고 해결의 방법을 모색하며, 그에 따라 지역 문제를 해결하는 구조로 설계할 수 있다. 이렇게 수행과제가 구조적으로 연결되도록 설계하는 것이 중요하다. 이는 수행과제가 수업 전체에서 하나의 장면만을 보여주는 것이 아니라 과정에서 쌓아진 학습의 결과를 보여주어야 하는 것이 목표이기 때문이다.

이를 위해 효과적인 평가 방법이 포트폴리오이다. 그중 하나의 단원을 예시로 제안하면 다음과 같다. 4학년 사회과 2단원의 주제는 '필요한 것의 생산과 교환'이며, 이는 경제 영역에서 '경제생활과 선택'에 해당한다. 핵심 아이디어는 '희소성으로 인해 경제 문제가 발생하며, 이를 해결하기 위해서는 비용과 편익을 고려해야 한다'이다. 핵심질문은 '선택의 문제는 왜 발생하는가?', '생활 속에서 현명한 소비를 어떻게 할 수 있을까?'였다. 이를 바탕으로 단원에서 학생들은 장터를 통해 생산과 교환을 경험하도록 설계하고 학생들이 수업 시간에 만들었던 물건이나 중고 물품들을 장터에 팔 수 있도록 했다. 학생들이 해당 가격을 매겨서 판매하는 판매자의 역할과 실제 돈을 주고 구매하는 소비자의 역할을 1부, 2부로 바꾸어 가면서 실시했다. 장터를 하기 전에 학생들에게 비용과 편익을 고려하기 위한 합리적 소비의 기준을 정하는 수업을 진행했다. 이때 학생들이 제한된 자원으로 합리적 소비를 할 수 있도록 여러 가지 기준도 세웠다. 학생들은 나눔 장터에 참여하기 전에 전시된 물건들을 보며 사고 싶은 물건을 정하고 필요한 것들을 사기 위해 자신의 용돈을 지출했다. 학생들은 지출한 내용을 소비 명세서에 적었다. 나눔 장터가 끝난 후에 학생들은 자신의 소비가 이전에 정한 합리적 기준과 맞게 소비했는지 반성했으며, 자신이 사고 싶은 물건을 왜 사지 못했는지에 대한 다양한 희소성 사례들을 제시하였다. 친구들과 자신이 경험한 선택의 문제들을 공유하며, 희소성 및 현명한 소비를 위한 기준들을 다루었다. 또한, 이러한 소비가 학생들의 삶 속에 계속 이어지게 하도록 용돈 기입장을 인쇄해서 나누어 주고 현명한 소비가 실제 생활에서도 일어나도록 실천의 기회를 제공했다.

이해중심 교육과정을 실천하기 위한 전략, 다섯 번째는 수행과제 설계 시 6가지 이해의 요소 중 필요한 요소를 활용하는 것이다. 처음에 단원을 설계할 때는 이해의 6가지 요소를 형식적으로 고려하곤 한다. 위긴스와 맥타이(2005)가 제시하는 이해의 6가지 요소가 필수적이라고 해석했기 때문에 실제로 이루어지지 않는 이해의 요소까지 최초 설계안에 포함한 것이다. 그러나 이해의 요소로 최초 설계안에는 포함되었지만, 수행과제를 설계할 때나 구현에서 모두 이루어지지 않은 경우가 있다. 때로는 수행과제 설계에서 고려하지 않았지만, 수업에서 수행과제를 진행하면서 의도하지 않은 문제가 발생하기도 한다. 이럴 때는 수행과제를 다시 나누어 주고 학생들에게 수행과제를 수정할 수 있도록 기회를 제공하면 된다. 이 과정에서 학생들은 자신이 세운 계획이 타당한지 검토한다.

실제 수업에서 이해의 6가지 요소에 모두 도달하는 일은 쉽지 않다. 교과나 학년, 단원의 특성에 따라 수행과제를 설계할 때 고려해야 할 이해의 요소에 차이가 날 수 있다. 예를 들어, 기능 교과인 국어나 영어과의 경우는 한 단원이 6~8차시가 대부분이고 비교적 단원의 차이가 많은 사회 교과에도 한 단원이 15차시이다. 제한된 차시 안에서 6가지의 요소를 명시적으로 고려하는 것이 중요한 것이 아니라 학생들이 6가지의 이해의 요소 중 달성할 수 있는 것이 무엇이냐가 중요하다. 실제 구현되지 않았다면, 설계의 차원에서 필요하지 않은 이해의 요소는 제외해야 한다.

이해중심 교육과정을 실천하기 위한 전략, 여섯 번째는 GRASPS, WHERETO 조직자를 선택적으로 활용하기이다. 단원을 설계하면서 교사들이 가장 많이 기술한 내용은 '복잡하다'이다. 이해중심 교육과정을 처음 접한 교사들의 경우는 GRASPS, WHERETO의 조직자가 필요하겠지만, 여러 번 경험한 교사들은 동 학년 교사들과의 협의를 통해 검토하기 때문에 조직자를 의무적으로 사용하는 것이 형식적인 차원에 그칠 수 있다는 것이다. 특히, 3단계에서 WHERETO를 고려하지 않아도 교사가 설계한 안에는 내용 대부분이 포함된다. 실제 수업에서 의미가 없는데 설계의 차원에서 이러한 것들을 모두 고려하는 것이 형식적이기도 하며, 힘들기도 하다. 이러한 것들을 모두 고려하다 보니 실제 설계안만 방대해진다는 것이다. 필자가 설계한 한 단원을 보면 내용 체계 표(1장), 목표 세우기(1장), 평가 계획하기(이해의 6가지 측면(1장)), 수행과제와 루브릭(1장), 학습 경험과 수업 계획하기(1장)로 해서 설계안의 쪽수가 총 5장이며 이는 단위 학교 교사들이 해당 내용을 설계하기에는 내용이 방대하다.

위긴스와 맥타이(2005)도 GRASPS, WHERETO를 수행과제나 학습 경험이나 수업을 계획하는 하나의 조직자(guide)로 활용하는 것을 제안했다. 다만 이러한 제안에도 불구하고 그들이 책에 제시한 대부분의 연구는 2, 3단계에서 GRASPS, WHERETO를 필수적으로 이용해서 설계하였다. 물론 이러한 조직자가 초임 교사나 이해중심 교육과정을 처음 설계하는 교사에게는 도움을 줄 수는 있지만, 필수가 아니라 선택적으로 사용해야 하므로 주의해야 한다.

게다가 조직자는 원리나 원칙이 아니기에 교사가 변용할 수도 있다. GRASPS를 통해 수행과제를 조직하면 상황(situation)과 역할(role)이 하나로 제한된다. 이는 학생이 참여하고 싶은 다양한 상황이나 역할과 충돌될 수 있다. 실제 수업에서 학생들이 "이거 하면 안 돼요?"라고 학생들이 참여를 요구하기도 한다. 실제로 자신들이 하고 싶은 수행과제를 실행할 때 학생들의 참여 의지도 높아질 것이다. 즉, 수행과제를 설정할 때 학생들의 참여 폭을 넓혀줄 필요가 있다. 예를 들어 목표(G)와 상황(S), 준거(S)는 제시하고 수행, 청중, 역할을 학생들이 선택할 수 있도록 다양한 방법을 열어놓거나 학생들이 각각의 요소들을 설계하는 데 참여할 수도 있다.

3단계의 WHERETO는 1단계, 2단계를 통해 교사가 학습 경험을 계획할 때 준거로서 WHE(1)RETO를 활용하는 것이 적절하다. 이는 수업을 계획하기 전에 고려하는 것이 아니라 교사가 수업을 계획한 후 체크리스트의 형태로 활용하는 것이 적합하다. 정수경(2017)은 W, H, E(1), T, 0의 요소는 사실상 기존의 교사들 또한 학습 경험을 설계하면서 이미 고려하고 있다고 주장하며, R(학생들의 생각을 반성하고 수정하기), O(학습을 조직하기)의 요소를 설계 과정에서 중점적으로 고려해야 한다고 보았다. 3단계의 조직자인 WHERETO는 7가지 요소를 모두 고려하여 설계하는 것이 아니라, 설계 이후에 설계를 검토하는 체크리스트의 형태나 준거의 형태로 사용하는 것이 적합하다.

깊이 있는 학습을 위한
이해중심 교육과정 수업의 실제

1.
배움이 깊은
국어과 수업 만들기

- 마음을 표현하며 대화하는 즐거움 -

1) 수업을 디자인하기에 앞서

✦ 무엇을 할 수 있게 할 것인가?

- 깊이 있는 학습을 위한 핵심 아이디어 마주하기 -

배움은 학습을 한 후 성장이 있어야 한다. 그래서 수업을 디자인하기에 앞서 '이 단원을 학습한 아이들의 언어생활에 어떤 변화가 있기를 기대하는 것일까?'라는 근원적인 질문을 떠올렸다. 다른 사람의 마음에 관심 가지기, 내가 원하는 것과 나의 마음이 어떤지 자주 들여다보기, 지금 내가 느끼는 감정의 이름은 무엇인지 생각해 보기, 감사나 기쁨 등 긍정적인 마음 표현하기, 부탁하거나 불편함을 호소할 수 있는 용기 키우기 등이 생각난 해답이었다. 고심 끝에 이 단원의 수업을 통해 변화될 아이들의 모습을 아래와 같이 계획, 정리했다.

이와 같은 변화를 이끌 수업을 위해 국가 수준 교육과정 문서인 내용
체계 표와 성취기준을 들여다보았다. 알아야 할 지식은 단원의 상황 맥
락과 담화 유형인 가족이나 친구들과 나누는 일상적이고 비형식적인
대화이다. 필요한 주요 전략과 기능은 바르고 고운 말로 감정을 표현하
며 대화하는 것이며, 길러주고자 하는 가치와 태도는 마음을 나누며 대
화하는 것에 대한 흥미이다. 이를 통해 국어과 교육과정에서 길러야 할
주요 역량인 의사소통 역량을 기르고자 하고 있다.

구체적인 단원의 설계를 위해 교과서를 펼쳐 참고하였다. 교과서에
는 감정 표현의 필요성 이해하기, 감정을 나타내는 말들을 익혀 놀이로
간단하게 감정 표현해 보기, 이야기를 읽거나 만화영화를 보고 등장인
물의 마음 헤아리기, 감정을 표현하며 대화를 해보는 역할극으로 이루
어져 있었다.

그런데 교과서대로 수업을 진행한다면 자칫, 감정을 나타내는 말들
에 대한 사실적 지식 습득이나 인물의 마음을 헤아리는 데만 치우치고
흥미 위주의 역할극에 그쳐, 아이들이 마음을 표현하며 대화를 충분히
나누는 경험을 놓칠 수도 있을 것 같았다.

실제로 감정을 표현하는 이 단원을 수업한 교사들과 면담한 결과, 감
정의 이름들을 공부하는 데 수업을 집중하는 경우가 많았다. 예를 들면
'당황하다', '어색하다', '혼란스럽다' 등과 같은 감정을 나타내는 낱말들

이 각각 어떤 상황에서 쓰는 말인지 알아보고, 게임 등으로 감정을 나타내는 낱말을 익혀 단편적 지식을 암기하는 수업이 되었다고도 한다.

물론 자신의 감정을 제대로 전달하고 다른 사람의 감정을 잘 수용하려면 감정의 정확한 표현을 아는 것이 필요하다. 그렇지만 이 단원의 수업을 통해 궁극적으로 아이들이 할 수 있어야 하는 것은 감정의 이름들을 많이 아는 것이 아니다. 아는 것에서 자신의 감정을 잘 표현하며 대화할 수 있을 단계로 나아가야 한다.

무엇보다 말하는 대상이나 상황에 따라 마음을 표현하는 수준이 달라지기 때문에 자신의 언어생활에 대한 성찰이 필요한데, 교과서에는 이러한 내용이 포함되어 있지 않았다. 자신의 언어생활을 돌아보며 어떻게 감정을 표현하고 있는지, 감정을 안전하고 정확하게 표현하려면 어떻게 해야 하는지를 지속적으로 탐구하며 깊이 있는 배움이 일어날 수 있는 수업 설계의 필요성을 느꼈다.

그렇다면 이 단원 학습 내용의 가치는 어느 정도일까? 다른 사람들과 관계를 맺고 살아갈 때 자신의 감정을 솔직하게 제대로 표현하고, 상대방의 감정이 어떤지 관심을 가지고 살피는 것은 매우 중요하다. 이 부분은 의사소통 능력이라는 핵심역량과도 깊은 연관성이 있어 듣기·말하기 영역에서 차지하는 비중도 클 것 같았다. 교사가 일방적으로 가르쳐 주는 것이 아니라, 아이들이 배움의 필요성을 느껴 학습을 주도적으로 이끌 수 있도록 마음을 표현하며 대화하는 것이 얼마나 중요한 것인지에 대한 사고의 환기가 수업 설계에 포함되어야 한다는 생각이 들었다.

그래서 감정을 표현하는 것이 우리 삶에 꼭 필요한 것임을 인지한 후, 아이들이 배움에 대한 관심을 계속 유지하고 탐구해 나갈 수 있도록 다음과 같은 핵심질문을 제시하였다.

'대화는 어떻게 해야 잘하는 것일까?'
'더 나은 대화를 위해 어떻게 말하고 들어야 할까?'

이 핵심질문들은 매 차시 아이들에게 떠올려 보게 하여 배움의 나침 반이 될 수 있도록 했다. 또한, 이 질문에 대한 답을 찾아가며 배움의 깊이를 더하도록 하고 초보적 수준에서의 탐구가 일어날 수 있도록 노력하였다.

또한 '이 단원에서는 어느 수준 정도까지 대화할 수 있게 수업을 설계해야 하나?'라는 배움의 범위와 폭에 대해서도 고민하였다. 내용 체계 표와 성취기준을 들여다보면 2학년 수준의 '대화' 능력을 길러주기 위해서는 감정을 잘 표현하며 말하고, 집중하며 들을 수 있게 함으로써 공감적 의사소통 능력을 기르도록 하고 있었다.[3]

♦ 할 수 있다는 것은 어떻게 알 수 있을까?

이 단원에서 깊이 있는 배움이 일어났는지 확인하려면 대화가 일어나는 실제 상황을 들여다보아야 가장 정확하다. 그렇지만 교사와 아이들의 생활 공간은 교실로 제한되고, 교사가 관찰할 수 있는 아이들의 대화 범위는 친구와 교사로 한정되어 실생활 속 배움의 전이 여부를 확인하기는 어렵다.

---

3 2022 개정 교육과정 국어과에서는 '감정 표현하기'가 '감정 나누기'로 바뀌었다. 내 감정을 잘 표현하는 것에서 나아가 핵심역량인 협력적 소통 역량을 기르기 위해 상대방이 표현하는 감정을 잘 이해하고 수용하는 것까지로 개념이 확장되어 있다.

'수업 시간에 자연스러운 삶의 현장을 재현해 낼 방법이 없을까?'란 고심 끝에 교실이 아닌 운동장 벤치에서의 대화 놀이를 수행과제로 정하고, 아이들이 배운 것을 자기화했는지 확인하기로 했다. 학습 상황이라기보다는 일상적인 대화를 나누는 효과를 얻을 수 있을 것 같고, 아이들의 참여도 더 적극적으로 끌어낼 것 같았다.

대화 놀이는 더 많은 상황에서 대화하는 모습을 들여다보기 위해 한 명이 아니라 세 명의 친구와 만나서 대화하도록 설계했다. 교실이 아니라 야외에서 친구와 놀이하듯 대화할 것이라고 안내하였더니 아이들의 수행과제에 대한 관심도가 매우 높았다.

"언제 대화 놀이 하러 가요?"

수업을 시작할 때면 여러 아이들이 이렇게 물어보며 기대감을 드러냈다. 단원 마지막에 할 대화 놀이를 잘하려고 아이들은 수업 중 듣기나 말하기에도 더 적극적이었다. 수행과제에 대한 관심도가 높을수록 배움으로의 연결이 더 많이 일어남을 확인할 수 있었다.

하지만 수행과제 해결이라는 일회성의 활동만 잘 해내면 마음을 표현하며 대화를 잘할 수 있다고 자신하며 안심할 수는 없다. 수행과제뿐 아니라 더 많은 배움의 증거를 찾고 피드백을 해주기 위해 '역할 놀이'와 생활 속 실천을 정리한 '마음대화 실천표' 등을 활용하였다. 또한 마음을 표현하는 데 방해가 되는 용기 부족 같은 정서적인 측면이나 선입견도 살펴보았고, 그것을 극복하기 위한 전략을 상황별로 탐구하였다. 그리고 마음을 생활 속에서 다시 표현해 보게 한 뒤 실천했던 내용들로 교실에서 이야기를 나누었다. 또한, 매 차시 수업에서 마음을 제대로 표현하기 위한 활동들에 제대로 참여하고 있는지 자기평가와 동료평가를 하며 성찰하게 함으로써 배움을 자기화할 수 있도록 했다.

◆ 삶의 경험을 엮어 배움을 설계하다

학습활동은 아이들이 마음을 표현하며 대화를 잘할 수 있도록 체계적으로 조직하고 싶었다.

먼저, 마음을 표현하며 대화하는 것이 얼마나 중요한지 알아보고, 마음을 나타내는 낱말을 확장한다. 마음을 나타내는 낱말들은 이야기 속 인물의 마음을 헤아려 보는 학습에서도 활용한다. 그런 후에 친구에게 자신의 마음을 나타내보는 경험을 하고, 불편한 마음이 있다면 관계를 해치지 않으며 어떻게 표현할 수 있을지 탐구하며 실천해 본다.

또한 교과서와 달리 듣기 학습을 추가하였다. 교과서에는 대화하는 단원임에도 불구하고 마음을 표현하며 말하는 것만 학습할 뿐 듣는 자세에 대해서는 다루지 않고 있다. 그래서 듣는 예절이나 방법이 아직 서툰 저학년 아이들임을 고려하여 말하기와 듣기 영역을 통합하여 학습 내용을 구성하였다. 그리고 가장 가까운 사람 중 한 명인 담임교사에게 마음을 표현해 보기도 하고 엄마나 아빠, 친구 등 일상생활 속에서 만나는 사람들과 마음을 표현해 보고 성찰해 보는 시간을 가졌다.

마지막으로 친구와 운동장 벤치에 앉아 대화 놀이를 수행과제로 해결하는 과정을 거쳐 학습활동이 마무리된다.

✦ 아이들을 들여다보다

단원을 설계하며 아이들의 선행 지식과 기능 수준을 살펴보았다. 단원을 시작하기 전부터 이미 자연스럽고 익숙하게 마음 표현을 잘하는 아이들이 있다. 이 아이들은 이미 '고마워, 사랑해, 힘들어' 등 친구나 부모님을 상대로 마음을 표현하며 대화도 잘하고 있다. 그래서 수업을 준비하며 이런 의문이 들었다.

'학습의 출발선에서 이미 성취기준에 도달해 있는 아이들에게도 이 수업들이 의미가 있을까?'

그런데 마음 표현을 잘한다고 생각하는 아이들도 어려움이 있다는 것을 알게 되었다. 마음을 잘 표현하는 아이들은 '고마워요', '사랑해요'와 같은 긍정적인 마음은 잘 표현한다. 그렇지만 '힘들어요', '속상해요'와 같이 부정적이라고 생각되는 마음은 표현하기를 꺼리고 꼭꼭 숨기는 경우가 많았다. 속상한 마음이나 힘듦을 내비치면 부모님들이 서운해하거나 버릇없다고 혼낼까 걱정하는 것이다.

또한, 마음을 잘 표현하는 아이도 늘 완벽하고 만족스럽기는 어렵다. 이것은 어른도 마찬가지다. 상황이나 대상에 따라 마음을 잘 표현할 수도 있고 어려울 수도 있다.

2) 수업을 디자인하다

1단계: 목표 세우기

■ 단원이 끝나고 학생들이 알아야 하고 할 수 있기를 기대하는 모습은 어떠한가?

> 자신의 마음을 적절하게 표현하며 말하고,
>
> 듣는 사람에게 집중하고 존중하며 대화할 수 있다.

■ 이 단원에서 학생들이 중요하게 배워야 하는 것은 무엇인가?

지식·이해	과정·기능	가치·태도
▸ 긍정적·부정적인 마음을 나타내는 낱말 ▸ 마음을 표현하며 대화하는 방법 ▸ 행·감·바 대화법 ▸ 말하는 이를 바라보며 듣는 방법 ▸ 집중하며 듣는 방법 ▸ 상대의 마음을 존중하며 듣는 방법	▸ 말할 내용 생성하기 ▸ 말할 내용 조직하기 ▸ 마음을 나타내며 말하기 ▸ 경청·공감하며 듣기	마음을 나누는 대화에 대한 흥미

■ 단원에서 학생들의 사고와 탐구를 위한 핵심질문은 무엇인가?

> 대화는 어떻게 해야 잘하는 것일까?
>
> 더 나은 대화를 위해 어떻게 말하고 들어야 할까?

2단계: 평가 계획하기

■ 학생들이 이해했다는 것을 어떻게 확인할 수 있는가?

수행평가 과제	친구와 대화 놀이 하기
그 외 평가 방법	관찰, 성장노트, 마음대화 실천표, 영상, 자기평가, 상호평가

3단계: 학습활동 구성하기

■ 학습활동은 어떻게 구성하였는가?

차시	학습활동
1	• 마음을 표현해야 하는 까닭 이해하기
2	• 마음을 표현하는 낱말 알아보기
3~4	• 이야기를 읽고 인물의 마음을 헤아려 보기
5~6	• 존중하며 듣고 마음을 표현하며 대화하기
7~8	• 마음을 나타내는 말을 사용하며 불편한 마음 표현하기
9~10	• 마음을 나타내는 말을 사용하여 하고 싶은 말 전하기
11~12	• 마음을 표현하는 말을 사용하며 대화 놀이 하기 • 단원 학습정리 및 배움 성찰하기

더 자세히 살펴보기

〈수업을 디자인하다〉의 수업 내용은 이해중심 교육과정의 수업
설계 방법(1~3단계)에 따라 간략하게 재구성한 것입니다.
자세한 수업 설계 내용은 'QR코드'를 통해 확인해 주시길 바랍니다.

3) 깊이 있는 이해를 위한 수업의 여정들

깊이 있는 학습을 위한 수업 디자인 미리보기

1. 핵심 아이디어 중심의 수업 내용 구성

친교와 정서를 나누기 위한 대화에서는 감정을 표현하며 말하고,
존중하며 듣기를 하면 효과적으로 소통할 수 있다.

- 마음을 나타내는 낱말
- 행감바 대화법

지식·이해

핵심
아이디어

- 마음을 표현하며 말하기
- 존중하고 집중하며 듣기

과정·기능

가치·태도

- 마음을 나누는 대화에 대한 흥미

2. 삶과 연계한 학습

　마음을 표현하며 대화하는 것이 다른 사람들과 살아가는 데 실제적인 도움이 됨을 인식하게 하여 배움의 주도성을 가질 수 있도록 한다. 또한, 생활 속에서 자신의 마음을 표현하는 대화가 어떠한지 들여다보게 하였고, 교실에서 배운 마음을 표현하며 대화하는 방법을 가족이나 친구들과 실제로 해보게 함으로써 앎을 삶 속에서 실천할 수 있게 한다. 수행 과제인 '마음 대화 나누기'를 해봄으로써 수업 중 실제 삶의 맥락과 유사한 활동 경험을 할 수 있도록 하여 삶과 연계한 학습이 되도록 한다.

3. 교과 내 영역별 연계와 통합

이 단원은 마음을 표현하며 대화하는 내용으로 듣기·말하기 영역이 주를 이룬다. 여기에 읽기 영역을 연계한다. 이야기를 읽고 인물의 마음을 헤아려 봄으로써 자신과 상대방의 마음을 더 정확하게 느끼고, 더 나은 감정 표현에 도움이 되게 한다. 단원의 읽기 영역 수업을 위해 '귀 큰 토끼의 고민 상담소'라는 작품을 활용한다.

4. 학습에 대해 성찰하기

'나는 평소에 집중해서 듣고 마음을 잘 표현하고 있나?'

'엄마나 동생에게 감정을 표현한 것이 적절했을까?'

'공부 시간에 배운 방법으로 속상한 마음을 솔직하게 말했는데 왜 상대방은 화를 낼까?'

'솔직하게 마음을 표현하면 사이가 정말 좋아지는 것일까?' 등 핵심질문과 차시 수준의 질문을 함께 던지고 답을 찾아가는 과정에서 스스로를 돌아보고, 잘하는 부분은 자기 격려와 칭찬을 하고 아쉬운 점은 어떻게 고쳐 나가야 할지 돌아보며 스스로 학습 과정과 결과를 성찰할 수 있게 한다.

♦ 핵심질문과 수행과제가 있는 수업의 출발

　핵심질문을 자연스럽게 수업에 들여올 수 있을까? 아이들이 관심을 보여줄까? 이 핵심질문이 적절한가? 수업에 대한 염려와 부담감을 가득 안고 첫 수업을 시작했다.

　수업의 출발은 아이들이 좋아하는 퀴즈 형식의 '다섯 고개 놀이'였다. '다섯 고개 놀이'의 정답인 '대화'가 바로 이 수업의 핵심 개념이다.

> **이것**은 우리가 매일 하는 것이에요.
> **이것** 하다가 싸우기도 해요.
> **이것**을 잘하면 다른 사람들이 좋아해요.
> **이것**을 할 때는 말하는 사람과 듣는 사람이 있어요.
> **이것**은 서로 마주하여 이야기를 나누는 것입니다.

　첫 문장만 보면 답이 매우 다양하게 나올 수밖에 없다. 정답의 범위가 점점 좁혀지는 알쏭달쏭한 질문 형태의 힌트에 아이들의 궁금증도 커졌다. 정답인 '대화'가 제시되었을 때는 고개를 갸웃하면서도 인정했다. 대화하다가 싸울 수도 있다는 것, 대화를 잘하면 사람들과 좋은 관계를 유지할 수 있다는 것을 떠올렸다. 대화하다가 싸우는 경우는 엄마, 아빠가 자주 그런다고 하는 한 아이의 말에 모두 웃었다. 아이들에게 대화하기를 좋아하는지, 대화는 자주 하는지 물으며 핵심질문을 이끌어 냈다.

"대화는 어떻게 해야 잘하는 걸까?"

앞에서 제시된 '다섯 고개 놀이'에도 있듯 대화할 때는 말하는 사람과 듣는 사람이 있기 때문에 말하는 방법과 듣는 방법으로 나누어 생각해 보게 했다.

"어떻게 말하고 어떻게 들어야 할까?"

먼저, 들을 때는 '집중해서 들어야 해요', '말하는 사람 눈을 봐야 해요', '말하는데 끼어들면 안 돼요' 등이라고 말했다. 말할 때는 '똑바로 말해야 해요', '알아들을 수 있게 말해야 해요' 등의 일상에서 들어오던 것을 말했다. 이 단원에서 주력하고 싶은 '마음을 표현하며 말해야 한다'라는 내용은 없었다. 아이들이 한 말을 칠판에 정리해 주며

"대화를 잘하려면 이렇게만 하면 될까?"

라고 말하며 아이들의 더 나은 대화에 대한 탐구심을 불러일으키고자 했다. 그리고 "이 단원을 공부하면서 대화는 어떻게 하면 좋을지 계속 생각해 보도록 해요"라고 말한 후 오늘은 대화를 잘하기 위해 교실에 있는 친구에게 고마움, 미안함 등 마음을 표현하는 말을 직접 전해볼 것이라고 했다. 반 친구에게 마음을 전하고 싶은 아이들은 모두 칠판 앞으로 나오게 했다. 마음을 표현하며 말하기가 이 단원에서의 성취기준이지만 수업을 시작하는 시점에서 이미 마음을 잘 표현하는 아이들이 있다.

"○○아, 같이 놀아줘서 고마워."

"친구들아, 앞으로 친하게 지내자."

앞에 나온 아이가 마음을 표현할 때마다 듣고 있던 친구나 반 아이들에게 어떤 생각이나 느낌이 드는지 물어보았다.

"기분이 좋아요."

"감동했어요."

쑥스러워하면서도 마음을 표현해 주니 반 분위기도 따뜻해지고 아이들의 표정도 밝아졌다. 마음이 훈훈해지고 행복해하는 말을 들으니 교사인 나 자신도 뭉클했다.

"친구가 친하게 지내고 싶어 하는 마음을 가지고 있는지 알고 있었어?"

"아니요, 몰랐어요."

대부분 전혀 몰랐다고 했다.

'아, 마음은 표현해야 상대방도 내 마음을 알게 되는구나.'

'마음을 표현하니 서로 사이가 좋아질 수 있겠구나.'

아이들이 마음을 표현해야 하는 필요성을 느끼는 순간이었다.

부정적인 감정을 표현할 때는 이를 듣게 될 친구에게 먼저 물어보았다.

"너에게 서운한 마음을 전할 거라는데 반 아이들 앞에서 들어도 되겠니? 아니면 쉬는 시간에 조용한 곳에서 따로 들을래?" 아이들 대부분은 반 친구들 앞에서 들어도 괜찮다고 허락해 주었다.

마음을 표현했을 때 오히려 더 불편해지는 경우도 있을까? 성취기준에서 요구하는 이상적인 행동을 한다고 해서 문제가 전혀 없을까? 교과서에는 이런 내용까지는 다루지 않고 있다. 실제로 친구에게

"네가 나한테 장난을 많이 쳐서 힘들어."

라고 마음을 표현하니 그 말을 들은 친구가 속상해하며 울상을 지었다. 자신은 친구의 실수나 장난을 너그럽게 받아주었는데 친구가 그런 마음을 가지고 있는 것이 서운하다고 하였다. 그럼에도 불구하고 친구가 힘든 마음을 표현하지 않았다면 그 친구가 아파하고 있다는 것을 알 수 없었을 것이라며 마음을 드러내는 것이 필요함을 인정했다. 이처럼 성취기준이나 수업에서 길러주려는 행동 이면에 있는 다양한 변수들과 상황들에 대한 지속적인 탐구가 있어야 함을 느꼈다.

이 시간에 몇몇 친구가 마음을 표현해 주니 단원의 학습 주제인 마음을 표현하며 말하기의 필요성을 절감하는 모습을 볼 수 있었다. 공책에 아이들과 함께 마음을 표현하면 좋은 점을 정리했다.

수업의 앞부분에서 대화를 잘하기 위한 말하기 방법을 정리해 놓은 것이 있었는데 여기에 자신의 마음을 잘 표현하며 말해야 한다는 것을 추가하였다. 그리고 아이들에게 평소 어떻게 듣고 말하고 있는지 돌아보게 했다.

수업의 마지막에서는 수행과제를 안내했다. 말할 때는 마음을 잘 표현하고 들을 때는 집중하고 존중하며 듣는 공부를 열심히 한 후에 친구들과 함께 상담 놀이를 할 것이라고 했다. 학교 운동장 벤치에 두 명씩 앉아 서로 마음을 표현하며 고민을 이야기하고 들어주기를 한다고 말하니 아이들은 기대감을 잔뜩 표현했다. 상담 놀이에 대한 기대 반, 운동장에 나간다는 기대가 반인 것 같았다.

그런데 이 단원의 수행과제는 이후에 아이들에게 동의를 구하여 수정하였다. 처음에는 '상담 놀이'로 했는데 이 단원의 수업이 절반 정도 진행되었을 때 바꾸었다. '상담'이라는 것은 저학년 아이들이 일상적으로 접하기 어려운 상황이라 아이들에게 더 밀접하게 다가갈 수 있는 수행과제로 바꾸면 좋겠다는 의견들이 있었다. 나 또한 수업을 진행할수록 수업을 설계할 때 아이들에 대한 파악이 충분히 이루어지지 않았음을 느끼고 있었다. 아직 학기 초라 서로 서먹하여 고민을 말할 수 있는 관계 형성이 되어 있지 않았고 고민이 없다고 말하는 아이들도 여럿 있었다. 그리고 다른 사람의 고민을 듣고 어떤 반응이나 말을 해주어야 할지 몰라 어리둥절해할 아이들도 많이 있다고도 알게 되었다. 그래서 고민을 말하고 들어주는 '상담 놀이'에서 여러 마음을 표현하며 대화할 수 있는 '대화 놀이'로 수행과제를 바꾸었다.

♦ 이해를 위한 디딤돌을 놓다 '마음을 표현하는 말' 확장하기

공책을 펼쳐 지난 시간에 각자 정리한 내용을 보며 마음을 표현해야 하는 까닭을 다시 한번 돌아보았다. 그리고 핵심질문과 수행과제도 확인하였다.

"마음을 표현하는 말은 얼마나 있을까?"라고 질문하며 본격적인 오늘 수업의 문을 열었다.

마음을 표현하는 말이 '두 가지'라고 말하는 아이들이 여럿 있는데 좋거나 나쁜 경우라고 말했다. 다섯 가지 정도라고 하는 아이도 있고 가끔은 아주 많다고 하는 아이도 있었다. 마음을 표현하는 말을 정리한 표를 제시하니 아이들은 너무 많다며 깜짝 놀랐다.

하지만 다시 "마음을 표현하는 말이 또 있을까?"라고 질문하며 아이들의 탐구심을 자극하였다. 아이들은 '시시하다', '찝찝하다' 등 교사가 제시한 자료에 없는 여러 마음을 나타내는 말들까지 찾아냈다. 그리고 특별한 기분이 없을 때 쓰는 말인 '그저 그렇다'도 아이들과 의논한 결과 마음을 나타내는 말로 인정하기로 했다. 아이들과의 수업을 통해 교사인 나도 이해의 지평이 넓어지고 있음을 느꼈다. 또한, 많은 아이들이 학교에서 느끼는 마음이 '배고파요'라는 것도 알게 되었다. 이처럼 오늘은 마음을 나타내는 낱말들을 배워 보는 시간을 가질 거라고 하였다.

먼저 아이들과 함께 마음을 나타내는 낱말들을 읽어보았다. 교사인 내가 먼저 하나의 낱말을 읽고 나면 아이들이 다 같이 다른 낱말 하나를 읽는 방법이었다.

다 읽은 후 어떤 낱말의 뜻이 어려운지 물어보니 아이들은 '막막하다', '홀가분하다', '황당하다' 등의 뜻을 잘 모르겠다고 하였다. 몇몇이 모르겠다고 한 낱말의 뜻은 반 아이들이 함께 가르쳐주고 모두가 잘 모르는 낱말에 대해서는 어떨 때 쓰는지 알려주었다.

그런 다음 친구와 놀이처럼 대화하며 마음을 나타내는 말을 익혀보는 시간을 가졌다.

친구야, 너의 마음은 어때?

놀이 방법을 보자. 먼저 "가위바위보"를 한다. 이긴 사람부터 마음 하나를 골라 동그라미(자기가 선택한 색)하고 언제 그런 마음이 드는지 말하면 된다. 이긴 사람이 끝나면 진 사람도 똑같은 방법으로 한다.

친구에게 말할 때는 되도록 오늘 새롭게 배운 '마음을 나타내는 말'을 선택해서 어떨 때 그런 마음이 드는지 말해보라고 안내했다. 그렇지만 마음을 나타내는 말의 어휘를 확장해 주고 싶은 나의 의도와는 달리 아이들은 자주 사용하는 익숙한 낱말들로 자신의 마음을 표현하며 놀이하는 모습이 보였다.

아이들은 이 놀이에 열중했고 시간을 더 달라고 하는 아이들도 여럿 있었다. 아이들에게 놀이 소감을 물으니 마음을 표현해서 속이 너무 시원하다고 하였다. 또한 '재미있었다, 기분이 좋았다, 친구랑 친해진 것 같다, 친구의 마음을 엿볼 수 있어 좋았다'고들 이야기했다.

놀이를 마치고 오늘 새롭게 알게 된 마음을 나타내는 말을 공책에 정리했고 수업 소감을 나누었다. 아이들은 '막막하다', '황당하다', '활기차다', '혼란스럽다', '홀가분하다' 등의 마음을 나타내는 말을 새롭게 알게 되었다고 했다. 그리고 '놀이를 하면서 처음으로 말을 나눈 친구들도 있어서 행복하다', '친구들과 같이 감정을 표현해서 편했어요' 등 마음을 표현한 것에 대해 꽤 만족스러운 반응들이 많았다.

수업 후에는 각 반 담임선생님에게 마음을 나타내는 말을 정리한 표를 원하는 크기로 출력하여 보내주었다. 마음을 직접 표현하는 생활 속 실천이 없으면 진정한 이해가 일어나기 어려운 단원이라 아이들이 평소 학교생활에서 활용하기 위함이었다. 담임선생님들은 아이들에게 도움이 될 것 같다며 출력물을 흔쾌히 받아주었고, 이것은 다음 시간에 교실 한편에서 볼 수 있었다.

◆ 연습으로 이해에 가까이, 더 가까이

'대화는 어떻게 해야 잘하는 것일까?'

매 수업 시작할 때 핵심질문으로 사고를 자극한다. 핵심질문에 대한 답변 중 하나인 마음을 잘 표현해야 함을 되새기며 더 나은 대화를 위해 오늘도 공부하자고 말했다.

수업을 시작하려는데 수행과제가 걱정이라는 아이가 있었다. 이때만 해도 수행과제는 '대화 놀이'로 바뀌기 전이어서 '상담 놀이'였다.

수행과제는 단원의 수업이 시작되는 지점에서 아이들이 쉽게 잘 해낼 수 있는 내용이 아니다. 탐구하고 익히다 보면 잘할 수 있게 되는 것이 수행과제이다. 수행과제 자체가 도전하고 싶은 경우도 있지만 부담될 수도 있음을 알았다.

"상담 놀이 할 건데 걱정이 되니?"

"말이 안 통하면 어떻게 해요?"

친구들하고 상담하는데 자기 말을 잘 못 알아듣는 친구를 만날까 봐 염려된다는 것이다. 반 친구들이 잘할 수 있게 될 거니까 걱정하지 말라고 위로해 주니 안심했다. 수행과제가 부담으로 느껴져 아이들이 위축되고 있는지도 살펴봐야 할 것 같다.

짝과 함께 마음을 나타내는 말을 사용하며 마음을 표현한 후, 교과서에는 없는 내용이지만 말하기에 이어 듣는 자세에 대해 더 탐색해 보는 시간을 가졌다.

들을 때는 '눈을 바라본다', '집중해 준다', '비난 금지·공감해 주기'라는 규칙을 정했으나 '비난 금지·공감해 주기'는 공감의 의미를 2학년 수준에서는 이해하기 어려울 것 같아 '존중하며 듣기'로 바꾸었다. 아이들은 듣는 자세를 다지는 공부를 한 후에 자신의 듣기 태도를 평가했다.

올바른 듣기 자세도 관련 이미지와 함께 정리해서 2학년 각 반 선생님께 보내드렸다. 수업 시간이나 쉬는 시간에 '듣기'를 잘 실천할 수 있도록 배움을 삶과 연결하기 위해서였다. 수업 시간에 똑바로 앉으라는 말보다 듣는 자세가 나와 있는 장면을 보며 잘하고 있는 것과 잘되지 않는 것을 한 번씩 돌아보게 하는 것이 더 도움이 된다고들 하셨다.

오늘 수업으로 듣는 자세까지 다졌으니 아이들이 삶에서 쉽게 접할 수 있는 상황을 역할놀이로 만들며 마음을 표현해 보게 했다.

'짝에게 연필을 빌려야 하는 상황'

'짝이 오늘 생일이라고 말하는 상황'

'짝이 내일 전학 간다고 하는 상황'

실생활에서 짝이나 선생님에게 연필 한 자루 빌리지 못하는 아이들이 많다. 어렵지만 필요할 땐 부탁을 할 수도 있고, 또 도움을 받으면 고마운 마음을 표현할 수 있게 하기 위한 상황설정이었다. 아이들은 역할놀이에 매우 흥미 있어 하면서도 연필을 빌려 쓰고 돌려줄 때 '고마워'라는 표현을 안 하는 경우가 종종 보였다. 이에 마음 표현을 잘하는 아이를 칭찬해 줌으로써 간접적인 피드백을 해주었다.

이 수업에서 교사인 나의 이해도 깊어지는 경험을 했다. 그동안 나는 교과서에 있는 '고마워, 사랑해, 힘들어'와 같은 '감정'에 해당하는 말들만이 마음을 표현하는 말이라고 생각해 왔다. 그런데 생일을 맞은 친구에게 "생일 축하해"가 아니라 "생일 선물 뭐 사줄까?", 전학 가는 친구에게 "전학 간다니 서운해" 대신에 "새 학교에 가서 친구들이랑 잘 지내"라고 마음을 표현하기도 한다. 이런 말들은 감정을 직접적으로 드러내지는 않지만 친구와의 거리를 좁히고 때로는 감동을 주므로 '마음을 나타내는 말'이 될 수 있음을 아이들로부터 배우는 계기가 되었다.

마음을 나타내며 대화하는 역할극에서 세 가지 상황만으로는 부족하여 한 시간을 더 추가하였다. 여섯 가지 상황을 더 제시하여 선택할 수 있게 했고 교사가 제시한 상황 이외에도 마음을 표현해 볼 수 있도록 열어두었다. 여섯 가지 상황은 국어과 교사용 지도서에 있는 자료를 수정하고 보충하여 활용하였다.

◆ 필요한 기능이나 지식은 교과서에만 있는 것이 아니다

교과서에는 없지만 화나거나 힘든 마음, 부탁하고 싶은 마음을 제대로 표현하는 방법을 찾던 중 '행·감·바'로 말하기가 효과적일 것 같아 수업 설계에 넣었다.

'행·감·바'로 말하기는 『행복교실 만들기』의 저자 정유진 선생님이 고안한 것으로 화가 나거나 부탁할 때의 말하기 방법이다. '행·감·바'는 행동의 '행', 감정의 '감', 바람의 '바' 앞 글자만 따서 만든 것이다. 비슷한 화법인 '나 전달법(I Massage)'보다 기억하기가 쉬워 활용하기에 좋다.

'수박바', '돼지바' 같은 아이스크림처럼 '행감바'를 도입하니 아이들은 입맛을 다시며 궁금해했다.

'행·감·바'로 말하기는 흔히 있을 만한 사례에서 시작했다. 뒷자리에 앉은 친구가 수업 시간에 머리카락을 만지거나 말을 거는 경우가 종종

있다. 이럴 때 짜증을 내며

"하지 마!"

라고 하거나

"선생님, ○○ 이가 계속 내 머리카락 만져요."

라고 이르며 자신이 힘든 지점을 친구가 아닌 선생님에게 직접 말하곤 한다. 이때,

"이렇게 말하면 친구 사이는 어떻게 될까?"

"내가 만약 뒷자리에 앉은 친구라면 '하지 마'와 '선생님께 이르는 것' 중 어떤 것이 더 약 오를까?"

"그러면 친구의 맘이 덜 상하면서도 제대로 부탁하려면 어떻게 말해야 할까?"

라고 묻고 아이들의 답을 들으며 '행·감·바' 말하기를 안내했다.

수업 시간에 뒤에 앉은 친구가 계속 내 머리카락을 만지며 장난을 칠 때, 하지 말아 달라고 부탁하는 것을 '행·감·바'로 말하면 다음과 같다.

행(행동): 수업 시간인데 뒤에서 계속 머리카락을 만지니까

감(감정): 계속 신경이 쓰여. / 불편해.

바(바램): 나중에 쉬는 시간에 같이 놀자. / 머리 안 만졌음 좋겠어.

하나의 사례로 다 같이 연습해 보고 각자 말하고 싶은 사람에게 '행·감·바' 말하기로 마음을 전하게 하였다. 어렵다고 하는 아이들은 개인적으로 안내해 주었고 더 도움이 필요하다고 하는 아이들에게는 친구들의 발표를 보며 참고하게 했다.

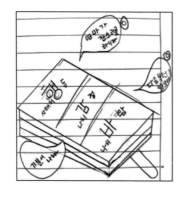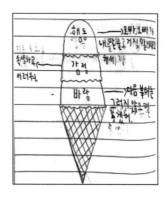

학생들의 행·감·바

　그런데 '행·감·바' 말하기로 부탁하면 모든 경우에 도움이 될까? 우리는 교과서에 있거나 검증된 방법을 아이들에게 배우게 할 때 그것이 언제나 옳은 방법인 양 가르친다. 그렇지만 효과적이지 못할 때도 있음을 아이들과 함께 찾는 것도 배움에서 꼭 필요하다. 예를 들어 마음을 표현한다는 것이 일시적으로는 관계에 부정적인 영향을 미치기도 한다. 자기 잘못은 생각하지 않고 친구에게만 잘못한 점을 고쳐 달라고 부탁하면, 마음을 표현하여 친구끼리 사이가 좋아지기는커녕 듣는 친구는 배신감을 느끼고 속상해한다. 말하는 사람의 마음을 분명하게 전달할 수는 있지만, 그것이 관계까지 항상 좋게 만드는 것은 아닐 수도 있는 것이다. 그리고 부탁하기 전에 상대방이 어떤 마음에서 그랬는지 한 번 더 헤아려 보면 보다 안전하게 대화하고 관계도 좋아질 수 있다는 걸 아이들과 함께 이야기했다.

　그런데 교실에서 한 '행·감·바' 말하기를 집에 가서 엄마에게 그대로 말하기는 어려울 거 같다는 아이들이 있었다. 학원을 줄여달라거나 동생이 잘못한 것 때문에 자신들을 혼내지는 말아 달라는 등의 말을 엄마에게 하면 오히려 더 혼날 거 같다고 했다. 버릇없고 따진다는 이유에서 말이다. 그렇지만 엄마에게 전할 수는 없지만 교실에서 하고 싶던 말을 해본 것은 후련하다고 했다.

그래서 아이들과 '행·감·바' 말하기의 적절한 타이밍에 대해서도 이야기했다.

"얘들아, 엄마에게 '행감바'로 언제 말하는 게 좋을까?"

"엄마가 기분이 좋을 때요."

아이들도 살아가는 나름의 방식이 있다.

'행·감·바' 이미지는 2학년 각 반에 출력하여 보내주고 2학년 전문적 학습공동체의 날에 참석하여 선생님들에게 활용 방법을 안내해 주었다. 선생님들은 '행·감·바'로 말하기가 어렵지 않고 생활교육에 도움이 될 것 같다고 했다.

아이들끼리 서로 불만 사항이 있으면 친구에게 직접 말하지 못하고 교사에게 와서 힘듦을 이야기하는 경우가 많다.

"선생님, ㅇㅇ이가 제 지우개를 말도 없이 가져갔어요."

"속상하겠구나. 그럼 ㅇㅇ이에게 허락 없이 지우개 가져가지 말라고 '행감바'로 말해보겠니?"

"ㅇㅇ아, 네가 내 지우개를 말도 없이 가져가니까 속상해. 그건 내가 아끼는 거거든. 쓰고 싶으면 나에게 말하고 가져갔으면 좋겠어."

이처럼 '행·감·바'로 말하기는 아이들이 사회적 기술을 익혀 학교생활에서 갈등을 해결하고 예방하는 데에도 분명 도움이 된다.

마음을 나타내는 어휘들을 익히고 부탁하거나 화났을 때 말하는 법을 배웠으니 이제는 마음을 표현하는 생활 속에서의 실천 경험이 필요하다. 그래서 부모님이나 형제 또는 동네에서 만나는 친구에게도 마음을 표현해 보게 하고자 '마음대화 실천표'를 과제로 제시했다.

마음 대화 실천표

과제를 마치고 소감을 나누어 보니 아이들은 '마음대화 실천표'를 완성해야 해서 평소보다 마음을 조금은 더 표현할 수 있었다고 했다. 또한 때로는 쑥스러움을 극복하고 두려움을 이겨낼 용기가 필요함을 알게 되었다고 했다.

♦ **실제 삶을 수업에 담다** 담임선생님께 전하는 마음 이야기

아이들은 '담임선생님'에 대해 어떤 생각이나 감정을 가지고 있을까? 담임교사에 대해 아이마다 느끼는 감정은 다를 것이고 그 감정도 상황

에 따라 달라지기가 쉽다.

"왜 하필 담임선생님이에요? 부담스럽게."

라는 우려가 있음을 알지만 그럼에도 마음을 표현할 대상을 '담임교사' 한 사람으로 한정한 이유는 담임교사는 학생 모두가 공통으로 알고 있어 마음을 전할 때 아이들의 관심도가 높을 것 같았다. 또한 매일 만나기 때문에 아이들에게 가장 많은 정서적 반응을 일으키며 마음을 표현할 필요성이 높은 대상이기도 하다.

학교생활은 학생들의 삶이다. 학생들의 인생에 큰 영향을 미치고 있는 생생하고 역동적인 삶이다. 그리고 학교생활에서 느끼는 정서는 담임선생님과 관련된 부분이 매우 크다. 아이들에게는 매우 부담스럽기도 한 존재인 담임교사에게 느끼는 정서를 제대로 표현할 수 있게 된다면, 다른 사람들에게는 더 쉽게 마음을 나타낼 수 있지 않을까 하는 소망으로 수업을 시작했다.

이 수업을 위해 사전에 담임선생님의 마음에 대해 궁금한 것을 모둠별로 정리하게 했다.

그리고 담임선생님이 하는 일을 알아보는 것으로 시작하였다. 내일 수업을 위해 교과서를 살펴보거나 자료를 검색하는 모습, 학습지 검사, 청소, 학부모님과 전화로 상담하는 모습 등을 사진으로 찍어서 자료로 썼다.

담임선생님이 하는 일을 알아본 후에 담임선생님은 어떤 마음으로 아이들을 만나고 있는지 알아보기로 했다. 지난 시간에 궁금해하던 것에 대한 답변을 담임선생님의 목소리로 담아와 하나씩 들려주었다.

그런 후에 선생님의 아이들을 사랑하는 마음, 염려하는 마음 등을 담은 음성(희망하는 반에 따라 영상으로도)이 선명하고 크게 텔레비전에서 나오자 아이들은 정말 집중하고 놀라워하였다. 매체의 힘도 느껴졌다. 익숙한 담임선생님의 목소리가 텔레비전 스피커로 들려오니 진심이 더 잘 전달되는 느낌도 있었다. 선생님의 마음을 들으며 많은 아이들이 울먹였고 실제로 눈물을 흘린 학생이 있었다. 선생님의 마음을 들은 후에 마음을 전하는 말을 선택해서 쓰게 하였는데 울면서 쓰는 아이들도 있었다. 수업을 진행하면서 나 역시 눈이 빨개지고 목소리가 떨리어 잘 나오지 않았다. 나 자신도 이 수업이 이런 감정을 불러올 줄은 예상하지 못했다.

담임선생님의 마음을 들은 후에는 선생님께 전하고 싶은 자신의 마음을 각자 정하였다. 마음을 나타내는 말을 보고 선택하게 했다. 아이들은 대체로 고맙다거나 미안한 마음을 많이 표현하고 싶어 했다. 간혹 힘들어서 숙제를 조금 줄여달라는 아이도 있었다.

한 시간 안에 마음을 표현할 내용을 정리해서 말하는 연습을 하고 한 명씩 짧은 영상으로 촬영까지 하려 했는데 쉽지 않아서 시간이 더 필요했다. 결국 촬영을 아침 활동 시간으로 옮기는 반도 있었다. 아이들이 나오는 영상을 본 선생님들은 흐뭇해하기도 하고 쑥스러워도 하셨다.

> 아이들 영상을 보고 감동 받았어요~
> 바쁘실 텐데 영상 찍고, 편집까지 해주시다니…♡
> 저에게 큰 선물이 되었습니다!
> 영상을 보니 아이들이 평소 마음을 나타내는 말을 실생활에서
> 더 많이 사용할 수 있도록 하여 자신의 마음을 솔직담백하게
> 표현할 수 있는 사람이 되었으면 좋겠다고 생각했습니다.
> 감사합니다♡
> (이○○ 선생님)

◆ 놀이 같은 수행과제로 배움의 행복이 가득!

야외로 나가기 전 교실에서 수업에 대한 존중의 약속을 정하고 놀이 순서와 역할 등을 정하였다. 야외에서 하는 수업이라 안전사고에 대비하여 지켜야 할 것을 당부하고 마음을 잘 드러내며 말하고 집중하고 존중하며 들어야 한다는 평가기준도 다시 확인하였다.

수업자료로는 학생들에게 동료평가를 위한 학습지를 나누어 주어 공책에 붙이게 했고, 대화 놀이 도우미 역할을 맡은 아이들에게는 별도의 도움 자료를 주었다. 나는 운동장 수업에 필요한 마이크와 대화를 마무리 짓게 할 때 필요한 음악을 준비하였다. 수업이 있는 날은 아침에 벤치를 깨끗하게 닦았고 아이들이 새로운 짝을 찾아갈 때 혼선이 없도록 벤치마다 번호를 붙여두었다.

아이들은 두 그룹으로 나누어 한 그룹은 '대화 놀이 도우미' 역할을 하게 했다. 왜냐하면 두 명씩 앉아서 하는 대화를 할 때 서로가 낯선 아이들이 많아 대화하지 않고 시간만 흘려보내는 경우가 많았기 때문이다. 그래서 이것을 방지하기 위해 대화 놀이에서 두 명 중 주도적인 역할을 할 아이를 대화 도우미가 되게 했다. 대화 놀이에서 한 번의 대화가 끝나면 아이들은 벤치를 이동해서 다른 친구들을 만나 놀이를 반복하게 된다. 이때 대화 도우미는 이동하지 않고 자신의 자리에서 새 친구를 맞이한다.

인사를 한 후 대화 도우미는 도움 질문 자료를 참고하며 친구들에게

요즘 기분은 어떤지, 언제 속상한지, 어떨 때 행복한지 등을 질문하며 대화를 이끌어간다. 질문만 한다면 대화라기보다는 인터뷰가 되기 때문에 대화 도우미 친구도 질문 내용에 대해 자신의 마음과 경험을 나누게 했다.

벤치에서 친구들과 대화 놀이를 하다

　두 명씩 앉아 대화 놀이를 한 후 정해진 음악이 흘러나오면 각자 공책을 바꾸어 상대방 친구의 말하기와 듣기에 대한 동료평가를 했다. 운동장 벤치에 나가기 전 평가 기준에 관해 확인해서인지 아이들은 솔직하게 평가하려고 했다.

　교실이라는 제한된 공간에서 벗어나 야외로 공간을 확장하고 변화를 준 것은 수행과제가 단순한 학습이라기보다는 놀이처럼 느껴져서 학생이 주도적으로 즐겁게 참여할 수 있는 장이 된 것 같았다.

◆ 우리 아이들은 어떤 마음으로 얼마만큼 자란 걸까?

　대부분의 아이들이 이 단원의 수업이 재미있었다고 했다. 또한, 마음
을 표현해 보니 너무 시원하다는 아이, 고맙다는 말을 더 자주 하게 되
어 부모님과 사이가 더 좋아졌다는 아이들도 여럿 있어 마음을 표현하
는 공부가 도움이 되었다고들 했다.

아이들의 수업 소감들

4) 교육과정과 수업으로 나를 성찰하다

♦ 수업을 마치며 생각하는 아쉬움

삶 속에서 배움의 전이가 일어나고 있는지를 단원 수업 중이나 단원이 끝나고서도 지속적으로 확인하고 격려해 줘야 하는데 그렇지 못한 점에서 나의 부족함을 느낄 수 있었다. 특히, 새로운 단원으로 배움의 중심이 이동되면 그 전에 길러주려고 했던 중요한 것들에 더 이상 관심을 가지지 않는 경우가 많다. 이러한 단절되고 분절적인 교육과정 운영으로 인한 잘못은 나를 비롯한 많은 교사들이 고쳐 나가야 할 것 같다는 생각이 들었다.

수행과제에 대한 아쉬움도 있었다. 마음을 표현할 대상에게 직접적으로 말하는 것을 교사가 지켜보는 것이 이해에 대한 가장 적절한 증거를 확인하는 것이라고 생각한다. 그렇지만 마음을 표현하고 싶은 대상이 교실에 없는 부모님이나 친구인 경우가 많다. 친구나 부모님이 앞에 있다고 설정하고 역할극으로 마음을 표현하게 하는 것을 수행과제로 만들까 고민했지만 저학년 아이들 중에는 다른 사람 앞에서 역할극을 하기 어려워 하는 아이들도 여럿 있어 이 또한 수월하지 않았다. 그래서 대화 놀이 형태로 수행과제를 설정했지만, 단원의 수업을 어느 정도 진행하면서 그 역시 문제가 있음을 느낄 수 있었다.

마음을 표현할 사람 앞에서 용기를 내 직접 말하는 것과 반 친구에게 내가 요즘 속상하다거나 행복하다거나 표현하며 대화하는 것은 차이가 있을 수밖에 없다. 그래서 수행과제 외에도 역할극이나 일상생활 속 교사가 없는 공간에서도 마음을 표현하며 대화하는지 성찰하게 한 것으로 보완하여 이해에 도달했는지를 확인할 수밖에 없었다. 완벽해서 그 자체만으로도 이해의 가장 확실한 증거가 되는 수행과제를 개발하고 싶은 기대가 있었으나 그것이 결코 쉽지 않다는 것을 받아들여야 했다. 지속적인 연구와 다양한 사례들이 모이면 더 적합한 수행과제 개발에 한 걸음 다가갈 수 있으리라 기대해 본다.

◆ 그럼에도 이해중심 교육과정으로!

이해중심 교육과정으로 설계하여 수업을 실천해 보니 아이들의 긍정적인 변화를 느낄 수 있었다. 이해중심 교육과정의 학습 경험들은 대부분 수행과제를 잘 해결하기 위해 꼭 필요하다고 생각되는 것들로 구성할 수밖에 없다. 그러다 보니 아이들도 수업 중에 하는 활동들의 필요성을 절감하는 것 같고 수업이 나에게 중요하다는 생각으로 배움의 자세가 진지해지는 변화를 엿볼 수 있었다. 집에서 부모님께 고맙다는 말을 더 하고 친구들에게 미안하다는 표현이 늘었다는 말을 들으며 배움을 실천하려는 의지 또한 높아짐을 확인할 수 있었다.

또한, 이해중심 교육과정을 실천하다 보면 교사는 잘하건 잘못하건 배움을 주고자 하는 것의 본질, 핵심과 맞닿게 되는 경험을 하게 되는 것 같다. 본 단원에서는 '대화'가 그 핵심이라고 생각한다. 그것도 '마음을 표현하며 나누는 대화'이다.

물론 단원에서 길러주어야 할 핵심적인 것을 쉽게 찾을 수는 없었다. 교육과정 문서와 교과서, 지도서, 국어과 교육 관련 문헌, 대화 관련 책들을 살펴보아야 겨우 찾을 수 있었다. 그런 다음 핵심질문과 수행과제 설정도 많은 고민과 혼돈과 실수 속에서 찾았다. 찾은 것마저도 정답이 아닐 수 있다는 불안감은 계속 따라온다.

정답은 아닐 수 있지만 최선이었다고 생각하며 위안을 삼아도 될까? 이해중심 교육과정으로 수업을 실천하면서 가르친다는 것의 무게가 정말 무겁게 느껴졌다.

그렇지만 아이들이 자신의 마음을 표현하며 조금씩 밝아지고 편안해지는 모습에서, 친구와 마음을 나누며 대화하고 웃는 그 얼굴들을 보며 '이해중심 교육과정 수업을 실천하길 잘했다'라고 생각하게 되었다. 교실에만 머무는 배움이 아니라 아이들의 실제 삶에 좋은 영향을 줄 깊이 있는 학습에 한발 다가가는 경험을 할 수 있도록 도움을 준 것 같아 충분히 의미가 있는 수업이라고 말하겠다.

2.
배움이 깊은
통합교과 수업 만들기

-우리는 주변의 모든 가족과 관계를 맺어요-

1) 수업을 디자인하기에 앞서

♦ 수업은 재미있기만 하면 된다?

흔히 말하는 저경력 교사 시절, 나는 고학년 담임을 주로 했었다. 아이들과 대화가 술술 잘 통하고 다양한 수업 유형을 적용해 볼 수도 있었기 때문에, 비록 힘들어도 보람을 느낀 순간들이 많아 5학년 이상의 담임을 선호하기도 했다.

경력이 조금씩 쌓이고 학교도 옮기면서 고학년만 주로 맡던 나에게도 시련이 찾아왔다. 갑작스럽게 저학년 담임을 맡게 되었던 아찔한 순간이 아직도 기억난다. 앙증맞은 1학년 아이들과 수업을 어떻게 해야 할지 고민스러워 3월 개학 날이 하루하루 다가올수록 두려움과 걱정만 커졌다. 두렵다고 피할 수 없었기에, 경험이 많은 선배 동료 교사들에게 조언을 구하고 여러 교육 사이트를 기웃거리면서 저학년 아이들의 특성을 먼저 파악했다.

친구들과 함께하는 것을 좋아하고 다양한 조작 활동에 흥미를 보이는 1학년 학생들의 모습을 머릿속으로 그리며 아이들이 좋아할 활동 위주의 수업을 하나씩 준비해 나갔다. 어떻게 수업하든지 간에 무조건 재미있는 수업을 해야 한다는 생각뿐이었다. 수업이 끝나고 아이들의 입에서 '오늘 수업 너무 재미있었어요.' 라는 한마디에 살짝 만족스러운 미소를 지으며 다음 수업은 어떤 재미난 활동으로 채울지 고민했다.

통합교과 수행평가를 한 어느 날.

아이들이 써낸 수행 평가지의 답을 보며 깜짝 놀랐다. 이 정도는 어렵지 않게 다 적어 내겠지, 하는 나의 예상과는 다르게 의외로 답을 적지 못했거나 엉뚱한 답을 쓴 아이들도 꽤 있었다.

그중 한 아이를 쉬는 시간에 불러 이야기를 나눴다.

"○○○아, 우리 이거 공부할 때 같이 놀이하면서 배웠던 거 기억 안 나?"

"아! 그거! 생각나요. 그 놀이는 기억나는데 거기에 뭘 적어야 할지는 모르겠어요."

재미있었지만 무엇을 배웠는지 기억이 나지 않는다는 아이의 한마디에 교사로서 나는 내가 무엇을 가르치고 있는지, 그리고 학생들에게 있어 진정한 배움이란 무엇인지 깊이 생각해 보게 되었다.

'아이들이 진정으로 배워야 하는 것을 나는 가르치고 있는 걸까?'

'손만 바쁜 활동 중심의 수업으로 아이들이 배워야 할 핵심 내용을 제대로 알 수 있을까?'

'아이들은 배운 것을 떠올려 실제 삶 속에서 비슷한 상황이 발생했을 때

적용할 수 있을까?'

이런 고민이 조금씩 커질 무렵 학교를 옮기게 되었고 비슷한 생각을 가진 선생님들과 함께 공부해 보고자 자발적으로 연구회에 참여했다.

◆ 깊이 있는 이해를 위한 통합교과 수업, 어떻게 할까?

그동안 나는 주로 '어떻게 가르칠 것인가'에 대해 고민하며, 수업 활동에 필요한 다양한 수업 기술들을 찾아보고 적용해 왔다. 이러한 활동들이 수업에 대한 고민을 해결해 주고 나를 성장시키는 데 도움이 된 건 분명하다. 그러나 이제는 수업에서 '무엇을 가르치고, 아이들이 진정으로 무엇을 이해할 수 있도록 할 것인가'에 대한 생각이 더 깊어졌다. 이때 알게 된 이해중심 교육과정은 그 고민에 대한 실마리를 주는 듯했다.

이해중심 교육과정에서는 학습자의 탐구를 이끄는 '핵심질문'이 말 그대로 핵심이다. 이 질문을 학생들이 단원 내내 상기하며, 각자의 사고가 자극받아 깊이 있는 이해에 도달할 수 있도록 수업을 설계하는 것이다. 이를 위해 관련 도서를 읽고 한 달에 두 번 연구회 선생님들과 온라인으로 만나 공부한 내용을 확인하면서 이해가 잘되지 않는 부분들을 확인하고 어떻게 수업에 적용할지를 고민했다. 항상 수업 주제와 관련된 성취기준을 찾아 활동 중심으로 수업을 재구성해 왔던 내게는 새로운 방법을 적용하는 것이 쉽지 않았다.

핵심질문은 교실 수업에서 학생이 핵심 아이디어에 초점을 맞추고 관심을 가지며, 그들의 탐구가 확장되고 심화되도록 자극하는 역할을 한다. 그래서 내용 체계 표에 제시된 핵심 아이디어를 읽으며 성취기준을 분석하여, 학생들의 탐구를 이끌어 줄 핵심질문을 만드는 과정이 특히나 쉽지 않았다.

그래서 익숙한 교과서나 지도서 대신 교육과정 문서부터 찾아봤다. 2015 개정 교육과정뿐만 아니라 2022 개정 교육과정의 바른 생활·슬기로운 생활·즐거운 생활의 핵심 아이디어도 함께 살펴보고 연구하면서 통합교과의 '가족' 단원을 우리 반 아이들의 특성과 상황을 고려하여 어떻게 수업을 구성할지 생각하게 되었다.

✦ 다양한 가족의 모습을 어떻게 이해시킬까?

통합교과 2학년 '가족' 단원의 학습 주제는 '가족의 다양한 형태를 이해하고 존중하는 마음 갖기'이다. 아이들이 일상생활 속에서 만나는 사람들이 어떤 가족의 모습을 가지고 있으며, 그 안에서 어떤 역할을 하는지 살펴봄으로써 자연스럽게 가족의 형태를 익히는 것이다. 또한, 자기 주변 사람들에게 지속적인 관심을 가지며 이해를 확장하는 과정에서 학생들의 탐구 능력도 자연스럽게 향상될 것이다.

그러나 2학년 아이들에게 가족의 모습은 자기 가족과 자주 만나는 이웃 가족으로 매우 제한적이다. 학생들이 다양한 가족의 모습에 대해 흥미를 느끼고 다양한 가족의 형태가 있음을 스스로 이해할 수 있도록 수업을 구성해야겠다는 생각이 들었다.

그러나, 주제와 연관된 2015, 2022 개정 교육과정 문서와 자료를 찬찬히 살펴보고 나니 '가족' 단원의 내용을 어떻게 재구성해야 할지에 대한 고민이 더 깊어졌다. 활동 위주의 수업이 아닌 저학년 학생들의 삶과 연계하여 깊이 있는 이해 중심의 탐구활동이 되도록 하려면 수업 설계를 어떻게 해야 할지 혼자서 끙끙대다가 같은 연구회에 있는 선생님들께 이 문제를 털어놓았다.

"선생님, 너무 어렵게 생각하지 말고 이해중심 교육과정에서 이야기하는 학생들의 영속적 이해에 도달하기 위해 가장 우선되는 내용을 생각하며 수업 설계를 짜보는 건 어때요?"

그래서 아이들이 먼저 자기 가족과 주변 가족의 형태를 이해하고, 직접 조사한 자료를 통해 다양한 형태의 가족을 간접적으로 경험하며 가족을 존중하는 가치와 태도를 기를 수 있도록 수업을 재구성했다. 또한 학생들이 다양한 가족 형태를 직·간접적으로 탐구하면서, 가족 형태에 따라 가족 구성원의 역할이 어떻게 달라지는지 이해할 수 있도록 학습활동을 계획했다.

2) 수업을 디자인하다

1단계: 목표 세우기

■ 단원이 끝나고 학생들이 알아야 하고 할 수 있기를 기대하는 모습은 어떠한가?

> 우리 주변에 다양한 가족이 있음을 알고 존중하는 마음을 가질 수 있다.

■ 이 단원에서 학생들이 중요하게 배워야 하는 것은 무엇인가?

지식·이해	과정·기능	가치·태도
▶ 가족의 형태와 문화 ▶ 가족 구성원의 역할	▶ 우리 가족, 주변 가족 살펴보고 조사하기 ▶ 다양한 가족 형태에 탐구하고 설명하기 ▶ 가족의 특징 표현하기	▶ 배려 ▶ 더불어 사는 삶

■ 단원에서 학생들의 사고와 탐구를 위한 핵심질문은 무엇인가?

> 가족의 모습(형태)은 어떻게 다른가?
> 가족의 모습(형태)은 구성원의 역할과 어떻게 연결되어 있는가?

2단계: 평가 계획하기

■ 학생들이 이해했다는 것을 어떻게 확인할 수 있는가?

수행평가 과제	'모둠 가족 지도'로 다양한 가족들의 모습과 역할 살피고, 내가 할 수 있는 일 실천하기
그 외 평가방법	①가족 보고서, ②모둠 가족 지도, ③내가 할 수 있는 일 실천카드

3단계: 학습활동 구성하기

■ 학습활동은 어떻게 구성하였는가?

차시	학습활동
1	• '가족'에 대해 생각 나누기
2	• 우리 가족 살펴보기
3	• 우리 가족 소개하기
4	• 이웃 가족 살펴보기
5	• 이웃 가족 소개하기
6~7	• 다른 가족 형태 알아보기(그림책, 감정카드 활용)
8~10	• 모둠 가족 지도 만들기 • 가족 구성원의 역할 알아보기
11	• 우리 집에서 내가 할 수 있는 일 살펴보기
12	• '가족'이 갖는 의미 생각하기

 더 자세히 살펴보기

'2) 수업을 디자인하다'의 수업 내용은 이해중심 교육과정의 수업
설계 방법(1~3단계)에 따라 간략하게 재구성한 것입니다.
자세한 수업 설계 내용은 'QR코드'를 통해 확인해 주시길 바랍니다.

3) 깊이 있는 이해를 위한 수업의 여정들

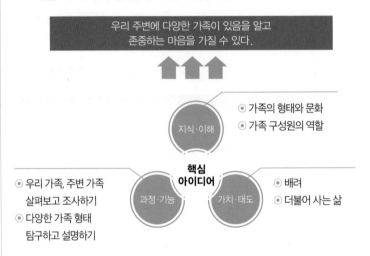

깊이 있는 학습을 위한 수업 디자인 미리보기

1. 핵심 아이디어 중심의 수업 내용 구성

우리 주변에 다양한 가족이 있음을 알고
존중하는 마음을 가질 수 있다.

지식·이해
◉ 가족의 형태와 문화
◉ 가족 구성원의 역할

핵심 아이디어

◉ 우리 가족, 주변 가족 살펴보고 조사하기
◉ 다양한 가족 형태 탐구하고 설명하기

과정·기능

가치·태도
◉ 배려
◉ 더불어 사는 삶

2. 삶과 연계한 학습

가족의 형태를 이해하기 위해 우리 가족, 옆집 가족, 친구네 가족, 슈퍼 하는 아주머니네 가족 등 실제 생활 속에서 만나는 가족들의 모습을 탐구하였다. 또한, 가족 형태에 따른 가족 구성원의 역할을 이해하기 위해 우리 가족 사이에서 내가 할 역할을 살펴보고 수행해 본 후, 다른 아이들과 사례를 공유함으로써 삶 속에서의 실천으로 배움을 만들어 갈 수 있게 하였다.

3. 교과 간 영역별 연계와 통합

이 단원은 가족의 형태를 학습하는 통합교과의 수업이지만 국어와 연계하여 학습하였다. 우리 반 친구들이 자주 접하지 못하는 가족 형태를 이해할 수 있도록, 그림책을 활용한 국어 수업을 통해 다양한 가족 구성을 경험할 수 있게 하였다.

그림책 『우리는 한가족이야』를 읽으며 입양가족에 대해 이해하고, 『특별한 손님』 책으로는 재혼가족의 모습을 살펴보며 그 형태의 가족에서 겪을 수 있는 갈등이나 어려움을 학생들이 간접적으로 느껴볼 수 있도록 하였다. 그림책을 읽고 인물의 입장이 되어보는 국어수업과의 연계와 통합으로 사고와 탐구의 범위를 넓힐 수 있었다.

4. 학습에 대해 성찰하기

저학년이라 초보적 수준에서의 조사와 탐구활동을 했지만, 그 결과물과 과정을 친구들과 공유하면서 자신이 잘한 점과 아쉬운 점을 정리하고, 이를 바탕으로 더 나은 활동을 위해 기억해야 할 것을 내면화할 수 있도록 하였다. 학습의 마무리 단계에서는 '가족'에 대해 자신이 가지고 있던 기존 생각과 새롭게 탐구한 결과로 깊어지고 확장된 가족의 의미, 그리고 자신의 역할을 돌아보게 하여 단원 전체에서의 배움을 성찰하고 성장할 수 있게 하였다.

✦ '가족'이란 낱말에서 아이들은 무엇을 떠올릴까?

"선생님, 우리 지난번에 찍은 동영상 언제 볼 거예요?"

"응, 편집해야 해서 시간이 좀 걸리네. 조금만 기다려 줄 수 있지?"

5월, 어버이날을 맞이하여 동요 가사에 맞춰 찍은 영상을 아이들이 꽤 궁금해하는 눈치였다. 영상 편집은 이미 끝냈지만, 가족 단원의 첫 시작에 맞춰 영상을 공개한다면 아이들의 흥미를 최대한 끌 수 있는 효과적인 동기 유발 자료가 될 것 같았다.

드디어 가족 단원의 첫 시간.

아이들이 그토록 기다렸던 영상을 함께 봤다. 예상대로 아이들은 부모님께 하고 싶은 말을 표현한 그림과 내용에 엄청난 관심과 집중도를 보였다.

"가사에 왜 엄마만 나오지? 날 가장 사랑하는 사람에는 아빠도 있는데."

"나는 할머니도 있어!"

아이들은 동요 가사 내용을 자연스럽게 말하며 자기의 가족을 떠올렸다. 그래서 '가족'이란 낱말을 들었을 때 생각나는 것을 하나씩 적어 칠판에 붙이게 했다.

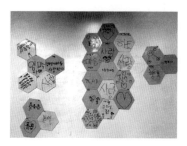 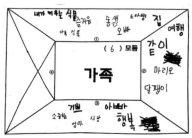

'가족'이라는 낱말을 듣고 내 생각 떠올려 보기

    '사랑, 엄마, 아빠, 행복' 등의 낱말이 대부분이었고, 국어 시간에 발음이 비슷한 낱말(같이, 가치)을 배워서인지 가족은 '같이'하는 것이라는 대답도 있었다. 그리고 모둠별로 모여 '가족'에 대한 생각을 다시 한번 이야기할 수 있도록 했다. 처음에는 칠판에 붙였던 낱말들이 주로 나왔는데 시간이 갈수록 다양한 생각들이 나왔다. 할아버지, 할머니, 동생, 집, 가족이랑 식사, 반려동물, 식물 등 아이들이 실제 삶에서 떠올릴 수 있는 가족과 관련된 낱말들이었다. 그중 '슬픈'이라고 적은 모둠이 있어 이유를 물어보니 자신이 잘못해서 혼날 때는 가족이지만 슬프기도 하다는 것이다.

    이렇게 가족이란 낱말을 통해 아이들이 자기 가족뿐 아니라 주변의 다른 가족에게도 관심을 가지도록 했다. 그러면서 자연스럽게 이번 단원의 핵심질문과 수행과제도 함께 제시했다.

    "우리는 가족이라는 낱말을 듣고 나와 친구들이 어떤 생각과 느낌이 드는지 간단하게 이야기를 나눠봤어요. 가족에는 ㅇㅇ이네 집처럼 동생이 있을 수도 있고 ㅇㅇ네 집처럼 없을 수도 있어요. 그래서 식구가 많을 수도 있고 적을 수도 있겠죠.

그럼, 우리 반 친구들의 가족 모습은 어떨까요? 가족에 따라 구성원들의 역할은 어떻게 달라지는지 이번 단원에서 한번 찾아보도록 해요.

단원이 끝날 때쯤에는 우리가 찾은 가족들의 모습을 한눈에 살펴볼 수 있도록 모둠별로 가족 지도를 만들 거예요. 우리가 직접 만든 가족 지도를 살펴보며 다양한 가족들의 모습을 확인하고, 우리 가족을 위해 내가 실천할 수 있는 일도 함께 살펴봅시다."

제시된 핵심질문과 수행과제가 2학년 아이들에게는 다소 어려웠는지, 고개를 갸우뚱하는 친구들도 있었다. 구성원이 무슨 뜻인지 물어보는 아이, 가족 지도를 어떻게 만들 거냐며 물어보는 아이도 있었다. 매번 이런 순간에는 교사로서 살짝 진땀이 나기도 한다. 그러면서 아이들에게 이번 단원을 배우면서 하나씩 알아가게 될 것이라고 설명하며 핵심질문과 수행과제는 인쇄하여 교실 앞쪽 잘 보이는 곳에 붙여놓았다. 그리고 가족 지도를 만드는 수행과제는 우리 반 친구들의 의견을 반영하여 일부 바뀔 수 있음을 덧붙였다. 2학년 아이들의 수준에 맞는 과제인지 나 역시 확신이 서지 않아 아이들의 의견을 반영해 수행과제도 일부 바뀔 수 있다는 여지를 주고 싶었다.

◆ 너무나 가까운, 우리 가족부터 살펴보자!

다양한 가족의 형태를 알기 위해선 우리 가족의 모습을 먼저 살펴볼 필요가 있다.

그래서 '가족 보고서' 학습지 앞면에는 자기 가족에 대한 그림과 소개하는 짧은 글을 쓰고, 뒷면에는 가족들이 하는 일에 관해 간단히 쓸 수 있도록 했다. 뒷면 내용은 우리 가족들이 집에서 주로 어떤 일을 하는지 직접 관찰한 후 작성해야 하는 과제라고 밝혔다. 부모님의 동의가 있으면 동영상 촬영으로 과제를 대체할 수 있다고 안내했다. 동영상도 가능하다는 말에 환호를 외치는 아이들도 있었다.

우리 가족 보고서(앞면) 쓰기

그러나 아이들에게 과제를 부여하면서 한 가지 걱정되는 부분이 있었다. '우리 가족 소개하기'라는 다소 민감할 수 있는 주제로 과제를 내면 혹시 불편해하는 학부모님이 있지 않을까 염려되었다. 그래서 알림장으로 학부모님께 해당 과제의 의미와 의도에 대해 충분히 설명을 드렸고, 관련하여 부탁하고 싶은 말이 있으시면 담임에게 개인적으로 연락해달라고 안내했다.

과제를 발표하는 날. 딱 1명을 제외한 모든 아이가 학습지 형태의 과제를 가지고 왔다. 아이들은 동영상으로 찍어오고 싶었지만, 부모님이 안 된다고 하셔서 하지 못했다고 말하는 아이들이 꽤 많았다.

먼저, 모둠별로 '가족 보고서'를 보며 자기 가족을 소개했다. 한 친구가 자기 가족에는 누가 있는지 발표하면 다른 아이들은 자기 가족과 무엇이 같고 다른지 비교하며 이야기를 나눴다. 모둠 발표가 어느 정도 마무리되었을 때, ○○친구가 촬영한 '우리 가족이 집에서 하는 일' 동영상을 함께 보았다. 아이들은 친구네 부모님이 과일을 깎고 있는 모습을 보며

"어제 우리 엄마도 사과 깎아주셨는데"

"우리 집은 아침마다 깎아주셔."

"우리 집은 아침에 바빠서 저녁에 과일 먹는데."

등 자기 가족들이 하는 집안일에 대해서도 자유롭게 이야기하며 흥미롭게 수업에 참여했다.

친구들이 적어 온 '가족 보고서'를 자료로 삼아, 가족 구성원들이 집에서 주로 어떤 일을 하는지 아이들이 직접 찾아 써 보는 시간을 가졌다. 엄마, 아빠, 나, 동생 등 우리 가족에 속하는 모든 이들이 가족 구성원이라고 알려주며 교실에 붙어 있는 핵심질문을 한 번 더 살펴보게 했다.

한자어로 된 우리말을 2학년 아이들에게 설명하기 어려운 경우가 많은
데 아이들은 직접 조사하면서 이제야 뜻을 이해했다는 반응이 많았다.

가족 보고서를 보며 가족 구성원의 역할 살펴보기

수업이 끝나갈 무렵 살펴보니, 우리 반 아이들은 집에서 함께 사는 가
족의 형태와 역할이 대부분 비슷했다. 가족 구성원의 수는 3~4명으로
부부와 자녀로 이루어진 핵가족 형태가 주를 이루었으며 집 안에서 하
는 일에서도 큰 차이가 없었다. 실제로 우리 반 친구들 가족의 형태가
크게 다르지 않다는 점을 아이들 스스로 확인하고 비교하기를 바랐다.

"우리가 자주 만나게 되는 이웃들의 가족 모습도 우리 반 친구들 가족
모습과 똑같을까요?"

라고 아이들에게 질문을 던지자 '비슷할 것 같아요' 또는 '다를 수도
있을 것 같아요'라며 자기 의견을 외치기 바빴다. 그러면서 자연스럽게
다음 차시의 탐구 내용에 관해 관심을 가질 수 있었다.

♦ 조금 더 넓게, 이웃 가족을 살펴보자!

너무나도 비슷했던 우리 반 가족 모습. 과연 이웃 가족들은 우리 가족들과 비교해서 어떤 점이 다를지에 대해 아이들은 궁금해하며 수업에 참여했다. 다만, 어떤 이웃을 조사 대상으로 정할지 고민하는 모습도 보였다.

"학원 선생님 가족을 해도 돼요?"

조사할 이웃 가족에 관해 묻는 아이들이 많아 우리가 조사할 수 있는 이웃들은 누가 있을지 함께 이야기를 나눴다. 구체적으로 이야기하다 보니 아이들도 자연스럽게 조사할 대상을 쉽게 찾는 모습이었다.

다음 수업 시간.

이번에도 조사한 내용을 모둠별로 발표하고 정리하는 시간을 가졌다. 마인드맵으로 정리하는 방법을 간단히 설명하고 아이들이 모둠을 돌아다니며 직접 찾아 쓸 수 있도록 했다.

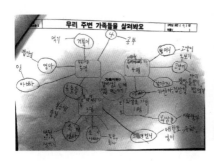

마인드맵으로 이웃 가족 정리하기

아이들이 정리한 내용을 살펴보니 우리 반 친구들의 가족을 정리했을 때와는 다른 형태의 가족 모습이 나타났다. ㅇㅇ이네 이웃에 사는 한 가족은 아빠, 할머니 그리고 강아지가 함께 살고 있다고 했다. 처음 우리 반 아이들의 가족을 조사했을 때와는 다른 가족 형태가 등장하자, 아이들은 저마다 한마디씩 하기 시작했다.

"엄마가 왜 안 계시지?"

"이혼하셨나 봐."

이혼이라는 말이 아이들의 입에서 너무나 쉽게 나온 것을 보며 한편으로 놀라기도 하고 또 한편으로는 이에 대한 아이들의 생각이 궁금해져 이혼이라는 낱말을 어떻게 이해하고 있는지 물었다.

"엄마, 아빠가 같이 안 사는 거요."

"엄마랑 같이 보는 드라마에서 봤어요."

"친한 이모네도 그렇다고 들었어요."

부모님도 서로 맞지 않는 부분이 있거나 마음이 통하지 않으면 같이 살지 않고 헤어질 수 있으며 이럴 때 자녀는 부모님 중 한 분을 따라가서 살게 될 수도 있다고 이야기했다. 아이들은 '우리 부모님은 헤어지는 일이 없으면 좋겠다.', '나는 부모님 중 한 명을 선택해야 한다면 선택 못할 것 같다.' 등 다양한 이야기들을 쏟아냈다. 아이들이 한부모 가정을 부정적으로 인식하지 않고, 편견을 가지지 않으며, 다양한 가족 형태 중 하나로 자연스럽게 받아들일 수 있도록 하고 싶었다.

"그런데, 강아지도 가족에 넣어야 할까?"

'가족 보고서'에 가족 구성원으로 자기 강아지 이름을 적어 온 친구들이 1~2명 있었기에 이야기를 나눌 필요가 있었다. 여기저기서 자신이 발표하고 싶다며 난리가 났다. 대부분의 아이들은 강아지도 가족에 포함되어야 한다고 생각했다.

"가족은 나와 같은 집에서 늘 함께 지내는 거잖아요. 우리 집 빙고도 그래요. 빙고가 우리 가족이 아니라고 상상할 수도 없어요."

많은 아이가 이 의견에 찬성했고 절대적인 동의를 끌어냈다.

"그럼, 우리 집에서 키우는 이구아나도!"

"내가 키우는 화분도!"

집에서 키우는 모든 반려동물, 식물들의 이름이 순식간에 아이들 입에서 쏟아져 나왔다. 생명을 가진 모든 것을 가족의 범주에 넣으며 교실은 난리가 났고 서로 자신의 의견을 이야기하느라 그 어느 때보다 열기가 넘쳤다.

반려동물을 가족처럼 여기는 아이들의 모습을 보면서 나 또한 당연하게 여겼던 기존 가족의 정의와 형태에 대해 진지하게 고민하게 되었다. 시대적 변화에 따라 사람뿐 아니라 함께 생활하는 반려동물을 가족의 일원으로 생각하는 경우가 많아 아이들의 이런 생각도 틀린 것만은 아닐 것이다. 오히려 아이들이 사전적으로 정의되지 않은 가족의 형태를 이미 발견한 것이 아닌가 하는 생각마저 들었다. 다만, 아이들에게는 사전적 정의로서의 가족의 뜻을 이야기하고 수업 시간에는 이 범위 안에서만 이야기하기로 했다.

우리 가족에서 이웃으로 확장하여 가족들을 살펴봤지만 조금 더 다양한 형태의 가족을 살펴보기는 어려웠다. '가족의 형태는 어떻게 다른가?'라는 이 단원의 핵심질문을 탐구하기 위해서는 우리 가족과 이웃 가족만으로는 충분하지 않았다. 그래서 우리 반 친구들이 주변에서 보기 힘든 조금 특별한 형태의 가족을 동화책으로 살펴보기로 했다.

♦ 조금 더, 다른 모습의 가족도 살펴보자!

감정 카드로 입양가족의 입장 이해하기

우리 반과 이웃 가족에서 살펴본 가족의 형태는 핵가족과 한부모 가족이었다. 그래서 동화책 속의 색다른 가족의 형태로 입양가족을 살펴보았다. 그리고 그림책『우리는 한가족이야』의 표지를 보며 등장인물의 특징을 파악할 수 있도록 했다.

"피부색이 좀 까매요."

"표정이 너무 행복해 보여요."

"머리카락이 특이해요. 삐죽삐죽."

책 제목과 표지를 살펴보며 주인공이 어떤 마음일지 감정 카드로 나타내도록 했더니 '기쁨, 편안함, 자랑스러움, 평화로움, 고마움' 등의 단어들이 많이 등장했다. 책 속 등장인물의 가족과 관련된 즐거운 이야기일 것으로 추측하는 친구들도 많았다.

"넌 너희 엄마가 낳은 게 아니라 다른 나라에서 왔대."

라는 친구의 말을 들은 주인공 로지타의 입장에서, 나라면 어떤 느낌이 들었을지 감정 카드를 선택해 칠판에 붙여보자고 했다. 그리고 몇 명 아이들에게는 그 이유도 물어봤다.

"우리 엄마가 진짜 엄마가 아니라면 속상할 것 같아요."

"불안할 것 같아요. 엄마, 아빠가 또 있다는 게."

걱정스럽고 화가 나고 외로울 것 같다고 말하는 친구들도 있었다. 이처럼 감정 카드를 활용해 인물에게 닥친 상황을 상상해 보니, 아이들의 몰입도가 한층 높아진 듯했다.

그 이후 로지타는 어떻게 되었을지 아이들은 동화책의 뒷이야기를 몹시 궁금해했다. 가족들의 따뜻한 배려와 입양에 대한 설명을 듣고 행복해하는 로지타의 이야기에 우리 반 아이들도 입양가족에 대해 진지하게 생각하는 모습을 보였다. 입양은 슬픈 일이 아니라 로지타처럼 또 다른 부모님을 만나는 축복받은 일이라 여기는 것 같았다.

"표지에서 로지타가 왜 웃고 있었는지 알겠어요."

"로지타가 계속 행복했으면 좋겠어요."

우리 주변에서 쉽게 찾아볼 수 없는 입양가족을 동화책으로 살펴보고 아이들이 그 가족의 감정을 감정 카드로 표현하는 활동은 다양한 가족 형태를 이해하는 데 효과적인 방법이라는 생각이 들었다.

다음 시간에는 우리 주변에서 찾기 어려운 또 다른 가족의 모습을 동화책으로 살펴볼 것이라고 예고하자, 이번엔 어떤 가족 형태일지 상상하며 호기심을 보이는 아이들이 많았다.

◆ 가족은 새롭게 만들어지기도 해요

"이번에는 어떤 가족이에요?"

"책 제목이 특별한 손님? 특별한 가족이 나오나?"

교사가 따로 질문을 던지지 않았음에도 이번에는 어떤 가족의 모습이 나올지 아이들은 기대하며 신나서 이야기했다. 재혼가족을 다룬 동화책 『특별한 손님』은 아빠와 단둘이 살고 있는 소녀 케이티에게 아빠의 새 여자친구 메리 아줌마와 아들 션이 찾아오며 새로운 가족이 만들어지는 이야기를 담고 있다.

메리 아줌마와 션으로 인해 케이티가 불편함을 느끼지만, 막상 그들이 떠나자, 케이티의 감정 변화가 일어나는 부분에서 아이들이 어떻게 생각하는지 듣고 싶었다. 각자의 생각을 포스트잇에 써서 붙여보도록 했다.

"처음에는 션이 싫었지만, 방귀 방석으로 함께 장난치던 션이 없으니 보고 싶을 것 같아요."

"메리 아줌마가 계란 프라이를 태우긴 했어도 함께 있어서 좋았을 것 같아요."

케이티가 다시 메리 아줌마와 션을 만나러 가면서 이야기가 끝나자, 아이들에게 그 이후 케이티가 어떻게 되었을지 짝과 함께 이야기해 보도록 했다. 대다수 아이가 케이티네 가족과 메리 아줌마네 가족이 새롭게 가족을 만들어서 잘 지냈을 거라고 대답했다.

아이들과 함께 케이티의 입장에서 새로운 가족이 만들어지는 것에 대해 다양한 생각을 나누자, 아이들은 가족의 형태가 정말 다양하다는 점에 놀라는 모습을 보였다. 또한, 몇몇 아이들은 자신의 주변에도 우리가 이제껏 배웠던 다양한 가족 형태가 있는지 부모님께 여쭤보고 싶다고 말하기도 했다.

입양가족, 재혼가족뿐 아니라 다문화 가족, 모녀 가족, 확대가족 등의 다양한 가족 형태도 간단히 알려주며 퀴즈를 냈더니 모든 아이가 어렵지 않게 대답했다. 그러면서 다음 시간에는 조사한 가족들을 한눈에 살펴볼 수 있도록 모둠별로 지도로 나타내고 그중 몇 가족을 자세히 살펴보며 가족 형태에 따라 가족 구성원들의 역할이 어떻게 달라질지 탐구할 것이라고 안내했다.

| 수업 안내 | 다양한 가족 형태 살펴보기 | 가족 내 다양한 역할 알기 | 수업 정리 |

♦ 다양한 가족들을 한눈에, 모둠 가족 지도로 살펴보자!

내가 조사한 우리 가족, 우리 이웃 가족들, 새롭게 알게 된 가족들의 특징들을 생각하면서 수행과제인 모둠별 가족 지도를 만들었다. 다양한 가족들을 지도에 표시해 보면서 가족 구성원들이 하는 역할도 자연스럽게 비교해 보는 활동이다. 그러나 지도 모양을 어떻게 제시할지부터 난항에 부딪혔다. 2학년 학생들의 수준에 맞게 지도 모양을 어느 정도로 제시할지, 가족들의 모습을 어떻게 표현할지 고민하는 데만 며칠이 걸렸다.

여러 번의 수정과 고민 끝에 우리 학교를 중심으로 큰 건물과 도로만 표시된 지도를 제작했다. 모둠별로 지도를 나눠주고, 가족 구성원을 표시할 캐릭터는 숟가락 모양으로 디자인해 각 가족 구성원이 누구인지 알 수 있도록 간단하게 표현하기로 했다.

"우리 집 여기 있네."

"아빠, 엄마는 큰 숟가락 모양에 그리고 언니와 나는 작은 숟가락에 그려야겠다."

"○○아, 너희 이모 가족은 엄청 가까이 산다. 좋겠다."

"우리는 할머니 혼자 사셔. 근데 우리 집 가까이 사셔서 자주 찾아가."

"선생님, 할머니네는 부산에 살고 있어서 지도에 표시할 수 없는데 여기 끝에 붙일까요?"

"우리 할아버지네도 부산 사시는데."

우리 동네를 중심으로 한정된 공간을 지도로 만들어 제시했더니 멀리 사는 할머니네를 표시하기가 어려웠다. 그래서 우리 동네에 살고 있지 않은 가족은 지도의 가장 바깥쪽에 붙이도록 했다. 중요한 것은 모둠 가족들을 정확한 위치에 붙이는 것이 아니라, 조사한 가족을 한눈에 알아보기 위해 지도에 표기하는 것임을 다시 안내했다.

다양한 가족들을 한눈에 살펴볼 수 있는 모둠 가족 지도 만들기

완성된 모둠 가족 지도를 보며 친구네 가족 구성원들을 살펴보고 자기 가족과 비교하기도 했다. 그 과정에서 아이들은 가족 구성원이 따로 떨어져 살면 가족 형태가 달라질 수 있음을 자연스럽게 이야기했다.

"근데, 할머니 혼자 사시면 집에서 뭐 하실까?"

"우리 할머니는 맨날 뭐 닦으시던데."

이러한 대화를 통해 아이들은 가족의 형태에 따라 구성원들이 하는 일이 어떻게 다른지에 대해 관심을 보였고, 가족의 형태에 따라 가족 구성원들이 각각 어떤 일을 하는지 더 깊이 살펴보기로 했다.

♦ 우리 집에선 엄마가 하는 일, 다른 집에선 누가 할까?

모둠별로 완성된 지도를 보면서 우리 가족과 형태가 달라서 가족 내 역할이 가장 다를 것 같은 가족을 선택해 핫시팅(HOT SEATING) 활동을 하며 함께 살펴보기로 했다. 우리 반 아이를 대상으로 핫시팅 활동을 해 본 적이 없어 수업 전에 살짝 걱정이 되기도 했다. 그래서 교사가 시범을 보여주면 아이들이 더 쉽게 이해하고 참여할 것 같아 사전 연습 과정을 거쳤다.

아이들이 뽑은 핫시팅 활동의 첫 번째 가족은 혼자 사는 ○○이네 할머니였다. 할머니 역할을 할 아이 1명을 뽑아 교실 앞쪽에 앉히고 다른 아이들은 할머니에게 어떤 질문을 할지 고민했다.

"할머니는 집에서 주로 뭐 하면서 지내요?"

"할머니는 뭐 먹으며 살아요?"

등 아이들은 자신들의 수준에서 궁금했던 가족 내 할머니의 역할을 질문했다. 할머니 역할을 맡은 친구는 마치 자신이 할머니가 된 것처럼 목소리를 내며 그럴듯하게 답변해 주었다.

질문과 대답이 오가면서 아이들은 '할머니가 집에서 혼자 해야 할 일이 너무 많아 힘들겠다, 심심할 수도 있겠다' 등의 반응이 나왔다. 특히, 자신의 엄마가 하는 일과 비교하는 이야기가 많았다. 우리 집에서는 엄마가 다 하는 걸 할머니 혼자 다 한다며 할머니가 있는 친구들은 다음에는 꼭 도와드려야겠다고 말하는 아이도 있었다.

또 다른 가족으로는 태권도 관장님네가 뽑혔다. 관장님네는 태권도장을 운영하는 관장님과 관장님의 여동생이 함께 살고 있었다. 관장님은 태권도장을 운영하기 위해 고향을 떠나있다고 지난번 이웃 가족들을 조사했던 친구가 한 번 더 설명했다.

이번에는 핫시팅 방법에 조금 익숙해진 것 같아서 질문 종이에 궁금한 점을 미리 생각하고 적는 시간을 가졌다. 조금 더 깊이 있는 질문이 나오지 않을까 기대했다.

"관장님에게 아들, 딸은 없어요?"

"관장님의 취미는 뭐예요?"

"집안일은 누가 해요?"

"여동생은 집에서 뭐 해요?"

"쉬는 날에는 뭐 해요?"

"관장님과 여동생이 싸운 적은 없어요?"

교사로서의 나의 기대가 너무 컸던 걸까? 답을 해야 하는 친구는 관장님이 되었다고 상상하며 이야기해야 했지만, 쉽게 대답할 수 없는 질문도 있었다. 해당 역할을 맡은 친구가 상상하여 말하기 어려울 때는 다른 친구들이 대신 대답해 주기도 했다. 이러다 보니 수업 흐름이 살짝 흐트러지는 순간도 있었지만, 2학년 학생들의 수준에 맞춘 핫시팅 활동으로서는 최선의 방법이었다고 판단했다.

○○이네 할머니와 관장님네를 핫시팅으로 살펴보면서 가족 구성원의 수에 따라 가족 내에서 해야 할 일이 달라짐을 아이들이 간접적으로 느끼고 생각할 수 있었다. 가족이 1명뿐이면 집안일을 모두 한 사람이 해야 한다고 생각하며 부모님께 감사함을 표현하는 아이도 있었다.

다만, 실제 관장님을 모시거나 영상으로 인터뷰를 할 수 있었다면 아이들이 똑같은 집안일들도 가족 구성원에 따라 달라질 수 있음을 현실적으로 느낄 수 있었을지 모른다는 아쉬움이 많이 남았다. 아이들이 직접 경험하지 못한 부분을 상상으로만 이야기한다는 것은 어렵다고 생각하며 수업 활동을 구성할 때 정말 많은 것들을 고려해야겠다고 되새겼다.

◆ 우리 가족을 위해 나는 무엇을 할 수 있을까?

가족의 형태에 따라 가족 구성원이 해야 할 일들은 달라질 수밖에 없음을 아이들은 어느 정도 이해한 듯 보였다. 동화 『돼지책』으로 아이들이 자기 가족 안에서 스스로 할 수 있는 집안일은 무엇이 있는지 생각할 수 있도록 다음 수업 활동을 진행했다. 책 속에서 피곳 부인이 사라진

이유를 살펴보며 우리 집의 피곳 부인은 누구인지 찾아보는 활동을 했다. 장보기, 빨래 널기, 청소하기, 신발 정리하기 등 일상생활에서 아이들이 경험하는 집안일들은 누가 제일 많이 하는지 찾아보도록 했다.

"엄마 없으면 안 되겠다."

"우리 집은 아빠도 집안일 꽤 많이 하셔."

아빠와 떨어져서 지내는 △△이는 아빠가 없어서 언니와 자신이 엄마를 많이 도와드린다고 조그마한 목소리로 나에게 다가와 이야기했다. 평소에도 친구들을 많이 배려하는 △△이가 집에서도 부모님의 상황을 이해하고 자신이 해야 할 일들을 하는 것 같아 대견하다는 생각이 들었다. 또한, 이 수업으로 그 아이를 한층 더 이해하는 기회가 생긴 것이 좋았다.

만약, 엄마나 아빠가 피곳 부인처럼 사라진다면 어떻게 될지 생각해 보자는 이야기엔 다들 손사래를 치며 펄쩍펄쩍 뛰었다. 아마도 집이 엉망이 될 거라며 그동안 가족 내에서 엄마가 하는 일이 얼마나 컸었는지 아이들도 스스로 느끼는 듯했다.

자신이 어떤 집안일을 도울 수 있을지 생각해 보고 실천할 수 있는 일들을 찾아 적어보게 했더니 아이들은 꽤 진지한 태도로 적기 시작했다. 그중 매일 실천할 수 있는 것 3가지를 선택해 교과서 붙임 자료에 적고 가정 내에서 지킬 수 있도록 했다. 며칠 뒤, 아이가 할 수 있는 집안일을 실천했더니 부모님께서 매일 그렇게 하면 좋겠다고 말씀하셨다며, 이제는 매일 집안일을 도와드리겠다고 다짐하는 모습도 보였다.

✦ 내가 생각하는 가족은 이래요

가족 단원 수업이 끝나고 아이들에게 첫 시간에 했었던 '가족'이라는 낱말을 듣고 생각나는 것을 썼던 종이를 다시 보여줬다. 아이들은 자신들이 썼던 내용들을 살펴보면서 그때는 보이지 않았던 것들이 눈에 띄는 모양이었다.

"식물, 달팽이는 소중하지만, 가족 칸에 쓰면 안 될 것 같아."

"가족은 5명… 1명… 2명… 4명… 3명… 이렇게 가족 수가 다양할 수 있다는 걸 알았어."

"가족 모습이 다르면 가족들이 하는 일도 달라져."

"모든 가족은 진짜 사랑으로 이루어진 것 같아."

그러면서 칠판에 계속 붙어 있었던 핵심질문을 다시 한번 살펴봤다.

가족의 모습(형태)은 어떻게 다른가?
가족의 모습(형태)은 구성원의 역할과 어떻게 연결되어 있는가?

아이들은 자기 가족과 이웃 가족, 입양가족, 재혼가족 등 그동안 배웠던 가족들을 떠올렸다. 그리고 이제껏 당연하게 생각했던 집안일이 가족 구성원들의 역할에 따라 서로 나눠서 해야 하는 일임을 알게 되었다고 이야기했다.

가족 단원을 마무리하며 스스로 정리하는 시간을 가졌다. 수행과제와 공부한 내용을 함께 확인하고 잘한 정도를 표시했다. 그리고 새롭게 알게 된 점이나 좋았던 점, 아쉬운 점도 간단하게 적어보았다.

아이들은 가족에 관해 공부하면서 우리 가족에 대해 더 생각하고 부모님에 대한 감사한 마음이 들었다는 이야기가 주로 많이 나왔다. 무엇보다 새로운 가족의 형태를 알게 되어 좋았다는 이야기와 동화책으로 만났던 로지타네 가족을 현실에서 한번 만나보고 싶다는 이야기도 들을 수 있었다.

마지막으로 수업 시간에 만났던 가족 중 한 가족을 선택하여 그 가족에게 칭찬하고 싶은 내용을 담아 편지를 썼다. 친할머니 생각이 많이 난다며 꼭 자기 할머니께 쓰고 싶다는 ○○, 관장님네는 가족 수가 적어서 집안일 하기 힘들겠다는 △△, 로지타가 가족들과 행복했으면 좋겠다는 ㅁㅁ 등 다양한 가족 형태를 이해하고 자신의 실생활과 연결하는 모습이 보였다.

가족 프로젝트 마무리	2학년 (8)반 (12)번 이름 ( )

★ 스스로 평가해 봅시다.

모둠 가족 지도 만들기

우리 가족, 옆집에 사는 친구네 가족, 슈퍼를 하는 아주머니네 가족 등 우리가 자주 만나게 되는 이웃들의 가족들을 살펴보면 어떤 집은 식구가 많고 어떤 집은 식구가 적습니다.

여러분은 이런 이웃 가족들의 모습을 한눈에 살펴볼 수 있도록 '모둠 가족 지도'를 만들어야 합니다. 우리 가족과 주변에서 볼 수 있는 가족들을 조사하고 모둠별로 가족 구성원의 특징이 드러나게 가족 캐릭터 그림을 그려 지도 위에 나타내야 합니다. 그리고 '모둠 가족 지도'에 그려진 다양한 가족들의 모습을 살펴보고 우리 가족을 위해서 내가 실천할 수 있는 일을 적어봅시다.

평가내용	스스로 평가해요
▪ 다양한 가족의 형태를 이야기 할 수 있나요?	★ ★ ★
▪ 가족의 형태에 따라 해야 하는 역할이 달라짐을 이야기할 수 있나요?	★ ★ ★
▪ 모둠 가족 지도에 다양한 가족의 특징을 살려 표현했나요?	★ ★ ★
▪ 우리 가족을 위해 내가 실천할 수 있는 일을 찾고 실천했나요?	★ ★ ★
▪ 모둠 친구들과 협력하며 가족 지도 만들기에 참여했나요?	★ ★ ★

★ 새롭게 알게 되거나 느낀 점을 적어봅시다.

알게 된 점	좋았던 점	어려운 점
캐릭터는 누군가 알려줘도 꾸준히 열심히 한 다는 걸 알았다. 그런 캐릭터 가그리면 된다.	책을 읽으니 재대있고 책을 많이 읽어야 겠다고 생각했다.	

수행과제에 대한 자기평가

★ 만나고 싶은 가족을 하나 선택하고 편지를 써 봅시다.

(할머니)네 가족	로지타네 가족	케이티네 가족	OO이네 할머니 가족	관장님네 가족
○				

<이렇게 써요>
-우리 가족을 간단하게 소개해 주세요.
-내가 만나고 싶은 가족을 선택한 이유와 그 가족의 모습 중 칭찬하고 싶은 내용을 적어주세요.

(할머니네) 가족에게 안녕하세요? 할머니, 저는 할 머니의 손주 ○○에요. 무릎도 많이 아프신데.. 집안일까지 하시고...할머니! 전 할머니가 좋아요! 할머니는 늘 꾸준히 하고 우리를 위에서 맛있는 것도 해주시고 전 그런 할머니가 좋아요! 할머니! 사랑하고, 건강하시고,늘 행복하세요♡ 할머니~♡ 사랑해요♡ ♡

만나고 싶은 가족에게 편지 쓰기

4) 교육과정과 수업으로 나를 성찰하다

♦ 아이들에게 가족은 어떤 의미일까?

    가족이라는 개인적이고 민감한 주제를 수업으로 삼으면서 조심스러운 부분이 많았다. 이런 활동들이 학부모님들께 사생활 침해로 비칠까 염려스러운 부분도 있었다. 하지만 내 예상과는 달리, 아이들은 매우 솔직하게 자기 가족을 소개했다. 우리 반 아이들은 대부분 가족의 사랑을 듬뿍 받고 있으며 가족의 형태와 상관없이 가족 구성원 모두가 서로를 아껴주고 있다는 것을 느낄 수 있었다. 또한, 가족 소개 보고서의 마지막 칸에 키우고 있는 반려동물의 이름과 역할을 적어 온 아이들도 많았다. 아이들에게 가족이란, 혼인, 혈연, 입양으로 맺어진 사전적 정의보다는 정서적인 관계에 더 큰 의미를 두는 것 같았다.

    그러던 중, 법무부가 '동물은 물건이 아니다'라며 동물의 법적 지위를 개선하는 법을 개정한다는 기사를 보았다. 아이들에게 이 소식을 전하자, 그동안 동물이 물건으로 분류되었다는 사실에 매우 놀라는 모습이었다. 사회적으로 가족의 개념이 점차 확대되는 만큼, 이 수업으로 아이들에게도 가족의 의미를 다시 생각해 볼 기회를 제공하고 다양한 가족들을 소중히 여기며 존중하는 태도를 기를 수 있길 기원해 보았다.

♦ 통합교과도 탐구할 수 있는 수업으로 만들어 보자!

현재의 통합교과는 바른 생활, 슬기로운 생활, 즐거운 생활이 주제에 따라 통합되어 다양한 활동 중심의 수업으로 구성되다 보니, 아이들이 스스로 깊이 생각할 기회가 부족한 편이다. 그래서 이해중심 교육과정으로 단원을 설계하며, 2학년 수준에서 핵심질문을 탐구하고 사고가 확장되는 과정을 아이들이 경험하게 해주고 싶었다.

아이들이 가족의 다양한 형태를 알고, 그에 따른 가족 구성원의 역할이 어떻게 달라지는지 배워가면서, 우리 가족과 다른 가족의 공통점과 차이점을 살피게 하고 싶었다. 그 과정에서 우리 가족뿐 아니라 다른 가족들도 존중하고 배려하며 소중히 여기는 마음으로 전이되는 것이 이 프로젝트 설계의 최종 목표였다.

그 설계 과정에서 가장 힘들었던 부분이 바로 '핵심질문 만들기'였다. 핵심질문은 아이들이 단원 내내 깊은 이해에 도달할 수 있도록 이끌어 주는 나침반 같은 역할을 한다. 핵심질문을 통해 수행과제 및 평가 계획도 세울 수 있기에 정선된 어휘로 영속적 이해를 관통하는 문장을 만들어야 했다. 또한, 2학년 학생들의 이해 수준까지 고려해야 했기에, 조사 하나와 단어 선택 하나까지도 신중하게 고민해야 했다. 가족의 형태라고 하면 분명 아이들이 무슨 말이냐고 되물을 것 같아 가족의 모습으로 바꿔야 할지 고민하며 몇 날 며칠을 생각했었다.

그런데 실제 수업을 해 보니, 용어 자체는 아이들에게 큰 문제가 되지 않았다. 교실 칠판 한구석에 핵심질문을 붙여놓고 수업을 진행하면서, 필요할 때마다 낯설거나 이해하기 어려운 용어를 설명해 주니, 아이들은 큰 무리 없이 이해하며 수업 활동을 잘 따라왔다. 다만, 핵심질문을 저학년 아이들에게 친근한 용어로 기술하여 아이들이 읽자마자 쉽게 이해할 수 있다면, 단원 도입부터 탐구력이 더욱 올라가지 않았을까 싶기도 하다.

연구회에 고학년을 담임한 선생님 중에는 아이들과 함께 핵심질문을 만든 경우도 있었다. 저학년 아이들도 핵심질문을 함께 만들고 제시하는 과정에 참여한다면, 어느 정도까지 가능할지 궁금하기도 하다. 아이들이 자신들의 생각을 직접 반영할 수 있다면 더 깊이 있는 이해와 참여를 이끌어 낼 수 있을 것 같다는 생각이 든다.

두 번째로 어려웠던 점은 바른 생활에서 추구하는 가치를 아이들에게 어떻게 내면화할 수 있을까였다. 통합교과의 바른 생활은 도덕적 가치의 내면화를 통해 생활 속 실천을 강조하고 있다. 또한, 아이들이 상급 학년으로 진급했을 때 도덕 교과가 중요시하는 가치와 자연스럽게 연결되도록 하는 것이 필요하다. 재구성한 가족 단원에서 아이들이 가지게 되었으면 하는 가치는 존중, 배려이다. 이것이 실생활로 전이될 수 있도록 수업을 설계하는 것이 필요했다. 이 부분에 대한 보완으로 '만나고 싶은 가족에게 편지 쓰기' 활동을 구성했었는데 실제로 해당 가족에게 편지를 전달하고 답장까지 받는 활동을 했으면 어땠을지 아쉬움이 남는다.

저학년 아이들의 수준에 맞는 핵심질문을 어떻게 만들고, 수행과제를 어떻게 구성할지 여전히 고민이 많지만, 이해중심 교육과정으로 수업을 설계하고 실천해 보면서 깊이 있는 학습과 배움의 본질에 한 걸음 더 다가갔다는 것은 분명하다. 이러한 경험들이 앞으로의 수업에 큰 도움이 될 것이라 믿는다.

3.
배움이 깊은
과학과 수업 만들기

-'작은 생명'들에 대한 이야기-

1) 수업을 디자인하기에 앞서

♦ 과학 수업의 고민을 안고

5학년 1학기 '5. 다양한 생물과 우리 생활' 단원은 인간과 함께 살아가고 있는 다양한 생물들이 인간의 생활과 밀접한 관련을 맺으면서 우리 생활에 많은 영향을 끼치고 있음을 이해하고, 생명 과학에 대한 기본적인 호기심을 갖도록 하는 것이 목표이다. 여기서 다양한 생물은 '동물과 식물 이외의 생물'로 균류, 세포, 원생생물 즉 미생물을 의미한다.

일반적으로 과학 수업을 떠올려 보면 문제를 인식하고 가설을 설정하여 변인을 통제하고 실험과 결과 해석을 통해 결론을 도출하는 과정을 떠올린다. 하지만 이 단원은 단원 목표에서 알 수 있듯이 통합탐구과 정보다는 미생물에 대하여 과학적인 호기심을 가지고 조사하고 탐구해 나가는 과학적인 태도와 더 연관되어 있다.

과학 전담을 5년째 하면서 이 단원을 가르칠 때마다 미생물에 대한 지식 전달이 아닌 아이들 스스로 알아가는 수업이 되려면 어떻게 진행해야 할지에 대해 고민이 많았다. 처음에는 조사학습 중심으로 진행했지만, 조사 과제를 내었을 때 제대로 해 오지 않는 아이들이 많았고, 수업 시간 중 조사를 하면 내용을 정리하고 발표하는 데 시간이 부족했다. 무엇보다 조사학습을 했을 때 전문적인 내용이 많고, 용어나 단위도 낯설어서 아이들은 제대로 이해도 못 한 체 그대로 보고서에 옮기는 경우가 많았다. 간혹 초등 수준의 내용을 찾더라도 교과서에 서술된 내용을 크게 벗어나지 않아서 과연 조사학습이 도움이 되는지 의문이 들었다.

다음 해부터는 아이들이 알아야 할 내용을 중심으로 편집한 자료를 나눠주었다. 아이들은 제시된 자료를 읽은 후 마인드맵이나 미니 북 형태로 정리하고, 간단한 퀴즈를 통해 이해한 정도를 확인하는 것으로 조사학습을 대체하였다. 이렇게 수업하고 나면 지식은 확실하게 전달된다. 하지만 과연 아이들의 탐구 능력과 자신들이 배운 미생물이라는 생물에 대해 호기심을 가지게 되었는지는 확신할 수 없었다. 연구회에서 이해중심 교육과정을 공부하면서 직접 단원을 설계해 보자고 선생님들이 말씀하셨을 때 이 단원을 떠올린 것도 바로 이러한 고민 때문이었다. 아이들이 미생물에 대하여 호기심을 안고 스스로 탐구할 수 있도록 교육과정을 설계해 보고 싶었다.

◆ 무엇을 이해하게 될까?

'다양한 생물과 우리 생활' 관련 내용 체계

대영역	핵심 개념	일반화된 지식	내용 요소
생명의 연속성	진화와 다양성	생물은 환경 변화에 적응하여 진화한다.	균류, 원생생물, 세균의 특징과 사는 곳
생명과학과 인간의 생활	생명 공학 기술	생명공학 기술은 질병 치료, 식량 생산 등 인간의 삶에 기여한다.	균류, 원생생물, 세균의 이용 첨단 생명 과학과 우리 생활

    단원과 관련된 '내용 체계'를 정리하면 표와 같다. 대부분의 초등 과학과 단원은 한 영역에 속하는데, 이 단원은 '생명의 연속성', '생명과학과 인간의 생활' 이렇게 두 영역에 해당한다. 내용 요소에 제시된 균류, 원생생물, 세균은 3~4학년 군에서 배웠던 동물과 식물에 속하지 않는 새로운 생물이다. 아이들은 이들 생물의 특징과 사는 곳, 생활 속의 이용 등을 배움으로써 우리 주변에는 다양한 생물이 있고 우리 생활에 많은 영향을 끼치고 있음을 이해하게 된다. 또 내용 체계 표에 나와 있는 '생명공학 기술이 인간의 삶에 기여한다'에 대해서는 생활 속에서 경험하고 인지할 수 있는 수준으로 다루면서 생명과학에 대한 호기심을 갖도록 하게 되어 있다.

    두 영역의 일반화된 지식이 모두 중요한 내용이지만 초등에서는 생물의 이용보다는 생물 자체의 고유성과 다양성을 인정하고 존중하는 마음이 더 필요하다고 판단하였다. 그래서 단원의 영속적 이해를 '우리 주변에는 식물과 동물 이외에도 다양한 생물(미생물)이 있다. 이 다양한 생물(미생물)은 우리의 생활과 밀접한 관련을 맺으며 많은 영향을 끼치고 있다'로 하고 이에 따른 핵심질문은 '이러한 생물이 없다면 우리 생활은 어떻게 달라질까?'로 설정했다. 세균이나 원생생물이 우리 생활과 관련을 맺고 있다고는 하지만 아이들에게는 그 내용이 막연하게 다가올 것 같다. 그래서 역으로 이러한 생물이 없다면 우리 생활은 어떻게 달라질지 생각하는 과정을 통해 생물의 중요성을 깨달을 수 있도록 질문을 만들었다.

♦ 이해한 내용으로 무엇을 할 수 있을까?

이해중심 교육과정은 아이들이 지식을 아는 것에서 더 나아가 알게 된 사실로 무엇을 할 수 있는지 즉 '전이'가 학습의 최종 목표이다. 그리고 그 증거를 나타낼 수 있는 평가 즉 수행과제를 구체적으로 설계한다. 이 단원은 미생물에 대한 지식도 알아야 하지만, 필요한 내용을 조사하여 정리하고 발표하는 탐구 기능도 중요하다. 무엇보다 생물에 대한 관심과 존중도 필요하기에 수행과제에 대해 고민이 많았다.

처음에는 '세계 생물 다양성의 날(5월 22일) 기념' 기획전을 생각했었다. 생물 다양성의 날은 '유엔(UN)의 생물다양성협약이 발표된 날을 기념하고 생물 종의 다양성에 대한 이해와 보존을 위해 제정한 날'이다. 지구의 생물들은 서로 밀접하게 연관되어 있고 각자의 역할이 있기에 환경 파괴, 기후 위기 등의 원인으로 생물 종에 변화가 온다면 사람 역시 영향을 받을 것이다. 그래서 기념일에 즈음하여 기념일의 취지를 알리고 우리 학교 학생들에게 우리가 배운 생물을 소개하는 기획전을 수행과제로 구상했었다.

하지만 연구회 선생님들께서 과연 그 과제가 과학과 평가로 타당한가를 물으셨다. 전시회에 전시된 내용이 아이들의 이해 정도를 나타낼 수 있는지, 내용을 옮겨 적는 것으로 끝나지 않을지, 전교생을 대상으로 했을 때 수준은 어느 정도인지, 제한된 시간에 전시를 위한 준비로 탐구 활동이 오히려 부족해질 가능성과 탐구 외적 요인(꾸미기 등)이 평가에 영향을 미칠 수 있음을 고려하라고 조언해 주셨다. 선생님들의 피드백 후 어떻게 하면 아이들이 자신이 학습한 내용을 실제로 적용할 수 있을지에 대해 다시 고민하게 되었다.

'내가 만약 학생이라면 이 단원을 배우고 나서 어떻게 변화할까? 그리고 무엇을 할 수 있으면, 이 단원을 배웠다고 할 수 있을까?'

학습하는 동안 아이들이 조사하고 탐구한 내용이 차곡차곡 쌓여 가고, 이렇게 탐구하다 보면 미생물에 대해 조금 더 알고 싶은 내용이 생길 것이다. 아이들의 탐구 능력과 미생물에 대한 호기심을 키우기 위해서는 이처럼 자신이 관심 있는 내용을 한 걸음 더 깊이 탐구해서 친구들에게 그 내용을 소개하고 서로 궁금한 것을 물어보는 과정이 필요할 것 같았다. 그래서 수행과제는 미생물학자가 되어 자신이 선택한 미생물을 탐구하고 친구들에게 소개하는 것으로 수정하였다.

◆ 학습 경험은 어떻게 구성할까?

'다양한 생물과 우리 생활' 성취기준과 단원 흐름

영역	성취기준		단원 흐름(교과서)
생명의 연속성	[6과04-01] 동물과 식물 이외의 생물을 조사하여 생물의 종류와 특징을 설명할 수 있다.	1	우리 주변의 다양한 생물
		2~3	곰팡이와 버섯의 특징
		4~5	짚신벌레와 해캄의 특징
		6	세균의 특징
생명 과학과 인간의 생활	[6과04-02] 다양한 생물이 우리 생활에 미치는 긍정적인 영향과 부정적인 영향에 대해 토의할 수 있다.	7	다양한 생물이 우리 생활에 미치는 영향
	[6과04-03] 우리 생활에 첨단 생명 과학이 이용된 사례를 조사하여 발표할 수 있다.	8	첨단 생명과학의 활용
		9~10	다양한 생물을 알리는 홍보 자료 만들기
		11	단원 정리

　　교과서는 단원의 성취기준에 맞춰 '미생물의 특징 알아보기 – 미생물이 우리 생활에 미치는 영향 토의하기 – 첨단 생명 과학의 활용, 홍보' 순으로 설계되어 있다. 하지만 실제로 미생물을 조사하면 생활에 미치는 영향과 활용을 함께 알 수 있으며, 이로운 영향과 해로운 영향은 자료를 통해 바로 확인할 수 있다. 아이들의 조사 내용을 고려한다면 각 내용을 따로 학습하는 것이 아니라 탐구하려는 미생물을 중심으로 영향과 활용을 함께 학습할 수 있도록 설계할 필요가 있었다.

　　미생물 탐구 순서는 아이들에게 친숙한 정도와 탐구 기능 습득 과정을 고려하여 세균, 균류, 원생생물 순으로 정하였다. 세균은 우리 몸속을 포함하여 생활 주변 곳곳에 있으며, 생활에도 많은 영향을 줘서 아이들에게도 익숙한 생명체다. 하지만 과학실에서 관찰은 어려우므로, 단원의 주요 탐구 기능인 자료 조사, 정리에 중점을 둘 수 있을 것 같아 처음 주제로 정하였다. 균류는 음식이나 일상에서도 쉽게 볼 수 있어서 미생물이라고 생각하지 못하는 경우가 많다. 그래서 현미경으로 균사를 관찰하고, 실상은 이들 균사가 이루어진 집합체라는 것을 이해하는 과정이 필요하다. 현미경을 처음 다뤄보는 시간이므로 관찰이 비교적 쉬운 균류를 두 번째로 정하였다. 세 번째 원생생물에서는 관찰 대상의 수를 늘리고 자료 조사 및 정리 기능을 다질 수 있도록 하였다.

미생물에 관한 기본적인 탐구 후에는 아이들 각자가 관심이 더 가는 미생물에 관해 집중적으로 탐구하고 그 결과를 발표함으로써 탐구 내용에 대한 공유와 이에 따른 동료평가, 자기평가가 이뤄지도록 하였다. 단원의 마무리는 단원의 학습 결과물을 정리하고 미생물에 대한 자신의 인식 변화를 성찰할 수 있도록 구성하였다.

2) 수업을 디자인하다

1단계: 목표 세우기

■ 단원이 끝나고 학생들이 알아야 하고 할 수 있기를 기대하는 모습은 어떠한가?

> 미생물과 우리 생활과의 관계를 설명할 수 있다.

■ 이 단원에서 학생들이 중요하게 배워야 하는 것은 무엇인가?

지식·이해	과정·기능	가치·태도
▸ 균류, 원생생물, 세균의 특징과 사는 곳 ▸ 균류, 원생생물, 세균이 우리 생활에 미치는 영향 ▸ 첨단 생명과학의 활용 사례	▸ 현미경을 사용하여 관찰하기 ▸ 조사하기 -미생물의 종류와 특징 -미생물이 우리 생활에 미치는 영향 -미생물과 관련한 첨단 생명과학의 활용	▸ 자연과 과학에 대한 감수성 ▸ 과학 문화 향유

■ 단원에서 학생들의 사고와 탐구를 위한 핵심질문은 무엇인가?

> 세균, 균류, 원생생물이 없다면 우리 생활은 어떻게 달라질까?

2단계: 평가 계획하기

■ 학생들이 이해했다는 것을 어떻게 확인할 수 있는가?

수행평가 과제	자신이 선택한 생물(미생물)을 탐구하고 친구들에게 소개하기

그 외
평가방법
	• 세균, 균류, 원생생물에 대한 기본적인 특징에 대한 퀴즈
	• 단원 포트폴리오 평가
	   - 세균, 균류, 원생생물의 특징
	   - 현미경 관찰 내용
	   - 세균, 균류, 원생생물이 미치는 해로운 영향과 이로운 영향
	• 동료 평가 : 동료의 발표에 대한 평가
	• 자기평가 : 수행평가 과제에 대한 평가, 미생물에 대한 자신의 인식 변화
	  성찰

3단계: 학습활동 구성하기

■ 학습활동은 어떻게 구성하였는가?

차시	학습활동
1~2	• 단원 안내 및 주요 개념 확인하기, 핵심질문 안내하기
3~4	• 세균 탐구 및 탐구 결과 공유하기
5~6	• 균류 탐구 및 탐구 결과 공유하기
7~8	• 원생생물 탐구 및 탐구 결과 공유하기
9~10	• 자신이 소개할 미생물 집중 탐구
11~12	• 탐구 과제 발표회
13~14	• 단원 포트폴리오 정리 • 미생물에 대한 자신의 인식 변화 성찰

더 자세히 살펴보기

〈2. 수업을 디자인하다〉의 수업 내용은 이해중심 교육과정의 수업
설계 방법(1~3단계)에 따라 간략하게 재구성한 것입니다.
자세한 수업 설계 내용은 'QR코드'를 통해 확인해 주시길 바랍니다.

3) 깊이 있는 이해를 위한 수업의 여정들

1. 핵심 아이디어 중심의 수업 내용 구성

생물(미생물)은 우리의 생활과 밀접한 관련을 맺으며
많은 영향을 끼치고 있다.

지식·이해
- 미생물의 특징과 사는 곳
- 미생물이 미치는 영향
- 첨단 생명 과학의 활용 사례

핵심 아이디어

과정·기능
- 현미경 사용하여 관찰하기
- 미생물 관련 조사하기

가치·태도
- 자연과 과학에 대한 감수성
- 과학 문화 향유

2. 삶과 연계한 학습

이 단원의 핵심질문인 '세균, 균류, 원생생물이 없다면 우리 생활은 어떻게 달라질까?'를 탐구하는 과정에서 미생물과 우리 생활과의 관계를 알게 한다. 특히 미생물이 우리에게 미치는 이로운 영향을 탐구함으로써 보이지 않는 생물들이 우리의 건강과 지구 환경에 영향을 미치며, 생명과학기술을 통해 바이오에너지의 원료 등 우리 생활에 다양한 활용 가능성이 있음을 이해한다. 수행과제를 통해 자신이 선택한 미생물에 대한 관심, 탐구능력 및 과학적 의사소통능력을 키우고 기본적인 과학 문화를 느껴보도록 한다.

3. 교과 간 영역별 연계와 통합

미생물에 관한 자료를 책이나 인터넷을 활용하여 검색하여 요약한 후, 매체를 활용하여 발표하는 것은 탐구 결과를 다른 사람과 공유하는 과학적 의사소통의 과정이지만 이것은 또한 국어과의 주요 학습 내용이다. 교과 간 공통적 학습 내용 요소를 통합하여 학습활동을 구성하면 학습할 수 있는 시간을 충분히 확보하여 깊이 있는 학습을 할 수 있는 토대를 마련할 수 있다.

4. 학습에 대해 성찰하기

나의 탐색과 탐구가 제대로 이루어지고 있는지, 탐구 결과를 효과적으로 표현할 수 있는지, 미생물에 대해 그동안 가졌던 오개념은 무엇이고 새롭게 알게 된 사실은 무엇인지, 이 단원의 학습이 나에게 어떤 의미가 있는지 등 과학적 탐구와 과학적 의사소통에 대한 지속적인 성찰과 함께 학생이 학습에 주도적으로 참여할 수 있도록 한다. 탐구 내용에 대한 공유와 이에 따른 동료평가, 자기평가를 하고, 단원의 마무리는 단원의 학습 결과물을 정리하고 미생물에 대한 자신의 인식 변화에 대해 성찰할 수 있도록 구성한다.

♦ '다양한 생물과 우리 생활'에서는 무엇을 배울까요?

**"오늘부터 배울 단원은 다양한 생물과 우리 생활입니다.
단원 제목에 생물이 있는데, 생물이란 무엇일까요?"**

단원을 시작하는 첫날, 아이들이 생물을 어떻게 이해하고 있는지 알고 싶어 이렇게 물어보았다. 아이들은 생명이 있다, 살아있다는 정도로만 생물을 이해하고 있었고, 3~4학년 군에서 배웠던 동물과 식물의 한살이를 생물의 특징과 연결 짓지는 못했다. 생물의 주요 특징인 호흡, 자람, 번식 등은 앞으로 배울 미생물이 생물임을 알려주는 준거가 되기 때문에 배운 내용을 다시 떠올려 보았다. 강낭콩과 배추흰나비의 한살이를 생각해 보자고 하니 태어나고, 자라고, 번식하는 생명 현상에 대해 쉽게 이해한다. 모든 생물은 이렇게 한살이 과정을 거치기 때문에 생명 현상은 생물의 고유한 특징이라고 정리하였다.

"그렇다면 우리 주변에는 어떤 생물이 있을까요?"

개, 고양이, 새, 동물 등 다양한 생물 이름이 여기저기서 들린다. 그런 생물을 크게 분류하면 어떻게 나눌 수 있을지 물으니, 동물과 식물이라고 바로 대답이 나왔다. 아이들에게 이 두 가지로만 분류되지 않는 생물이 있음을 알도록 생물 카드를 활용하여 직접 분류해 보기로 했다.

분류를 위해 먼저 동물과 식물의 차이점에 관해 이야기를 나눴다. 움직임의 차이, 동물에게는 있지만 (특히 사람에게는 있지만) 식물에는 없는 기관들(손, 발, 심장 등)에 대한 의견이 나왔다. 아이들아 아직 '식물의 구조와 기능'을 배우지 않았기 때문에 식물의 중요한 특징인 광합성 작용과 스스로 양분을 만든다는 사실은 잘 모르고 있었다. 식물의 구조와 기능은 미생물 중 식물이라고 생각할 수 있는 생물(버섯, 해캄 등)과 식물을 구분할 수 있는 기준이 되므로 간단하게 설명해 주었다. 그리고 사람을 기준으로 생물의 특징을 판단했을 때 생기는 문제점에 대해서도 생각해 보았다. 사람은 많은 세포와 기관을 가진 복잡한 생물이기 때문에 사람에게 있는 것(심장, 감각기관, 운동기관 등)으로 생물인지 아닌지를 판단하면 오류가 생길 수 있기 때문이다.

생각 나눔이 끝나고 생물 분류하기 활동을 시작하였다. 모둠원이 의논하여 실험관찰에 있는 생물 카드를 동물과 식물로 나누되, 모둠원 모두가 동물 혹은 식물이라고 인정하면 해당 칸에 붙이지만, 한 명이라도 다르게 생각하면 그 이유를 물어보고 기타 칸에 붙이는 식으로 진행했다. 서로 의논하여 정확하게 카드를 분류하는 모둠도 있지만, 1~2명이 '책에서 봤다', '이건 내가 확실하게 안다' 등의 이유로 친구들을 설득해서 모든 카드를 동물과 식물로 분류하거나, 전혀 의심하지 않고 만장일치로 엉뚱하게 분류하는 모둠도 있었다. 특히 버섯과 해캄을 식물로 많이 분류했고 간혹 짚신벌레도 동물로 분류했다.

모둠별로 결과를 비교한 후에 정확한 분류 결과를 제시하니 자신들의 생각과 달라서인지 많이 놀랐다. 이렇게 동물도 아니고 식물도 아닌 생물을 '미생물'이라고 했더니, 들어보았다면서 고개를 끄덕인다. 미생물과 아이들의 첫 만남이었다.

이후 단원 표지에 있는 메주 사진을 보면서, 메주 안에는 곰팡이나 세균 같은 미생물이 들어있고, 메주를 우리가 장을 담가 먹는 것처럼 미생물이 우리 생활과 관계가 있을 거라고 생각을 뻗어갔다.

"우리는 무엇을 배울까요?"

교사: 단원 제목과 표지를 살펴보니 이 단원에서 우리가 배울 내용은 무엇일까요?

학생: 미생물에 대해서 배울 것 같아요.

생물이 우리 생활에 주는 영향에 대해 배울 것 같아요.

교사: 생물이 우리한테 주는 영향을 왜 배울까요?

학생: ……

교사: 이들 생물이 없으면 우리 생활에도 변화가 있을까요?

학생: 네, 세균이 없으면 병에 안 걸려서 좋을 것 같아요.

하지만 못 먹는 음식도 생길 것 같아요.

좋은 점도 있지만 안 좋은 점도 있을 것 같아요.

교사: 다시 물어볼게요. 생물이 우리한테 주는 영향을 왜 배울까요?

학생: 생물이 우리 생활에 많은 영향을 주기 때문인 것 같아요.

미생물이 없으면 우리 생활이 불편해지니까요……

미생물과 우리 생활을 연관 짓지 못하던 아이들이 생물이 없을 때의 변화로 질문을 바꾸니 좋은 점과 안 좋은 점들을 이야기했다. 생물이 우리에게 주는 영향을 탐구하기 위해 이 단원에서는 계속 '이들 생물이 없다면 우리 생활은 어떻게 달라질까?'에 대해서 생각해 볼 예정이라고 했다.

수업을 마무리하면서 아이들이 가지고 있는 오개념, 핵심질문에 대한 단원 전후 인식 변화를 확인하기 위해 '미생물에 대해 알고 있는 사실', '미생물이 없다면 세상은 어떻게 달라질까'를 기록하였다. 미생물에 대해 아무것도 모르는 아이들부터 독서, 선행학습 등으로 많은 사실을 알고 있는 아이들까지 지식의 폭이 다양하다. 미생물이 없는 세상에 대해서도 자신이 알고 있는 미생물에 대한 지식을 바탕으로 기록하는(사람에게 해로우므로 없으면 사람들이 전염병에 걸리지 않는다, 먹을 수 있는 미생물도 있는데, 없으면 못 먹는 것이 많아진다 등) 경우도 있지만 '세상이 멸망할 것이다' 등으로 막연하게 적는 아이들도 있다. 앞으로 아이들의 탐구 정도에 따라 이런 막연한 사실이 과학적 사실로 전환될 것이다.

✦ 세균이 없는 세상은 어떻게 될까요?

　미생물을 탐구하는 첫 시간, 우리 몸속에 있는 세균 중 몇 가지를 선택해서 세균의 특징, 사는 장소, 우리에게 미치는 영향을 소개하였다. 처음 보는 세균이지만 몸속에 사는 세균이라고 하니 흥미로워했다. 그리고 탐구 내용을 '문장의 참, 거짓을 판단할 수 있는 근거 찾기'로 제시하여 아이들이 호기심을 가질 수 있도록 하였다.

세균 탐구 내용

순	의견	판단 (○,×)
1	세균 중에는 우리 눈으로 관찰할 수 있을 정도로 큰 종류도 많다.	
2	세균이 사는 곳은 동물의 몸과 음식물, 공기, 물 외에는 없다.	
3	세균이 늘어나는 속도는 매우 느리다.	
4	세균은 우리에게 해로운 영향만 준다.	
5	세균이 없다면 우리 생활은 어떻게 달라질까?	

　아이들은 예상대로 흥미롭게 시작했지만 2가지 문제점이 발생했다. 첫째, 검색창에 문장의 핵심어를 파악하여 입력하는 것이 아니라 그냥 문장 전체를 입력하였다. 둘째, 아이들 대부분이 찾은 내용 중 모르는 내용을 더 탐구하는 대신 그냥 그대로 '옮겨 적기'하는 것으로 근거를 찾았다고 착각하고 있었다. 그래서 활동을 잠시 멈추고, 검색하는 방법과 탐구 과정에 대해 피드백했다.

'세균 중에는 우리 눈으로 관찰할 수 있을 정도로 큰 종류도 많다'라는 문장의 참, 거짓을 판단하려면 필요한 정보가 무엇인지 물었더니, '우리 눈으로 관찰할 수 있는 세균', '볼 수 있는 세균', '세균의 크기' 등으로 핵심어가 정리된다. 찾았을 때 잘 모르는 부분이 없었는지도 확인하니, "단위 읽는 법을 모르겠어요", "말이 어려워요"라고 한다. 그래서 조사한 내용을 적기 전에 먼저 읽어보고, 모르는 내용은 찾아본 후 이해한 내용을 중심으로 정리해 보자고 하였다.

다시 활동 시작, 모둠원끼리 서로 역할을 나누어 자료를 조사한 후 공유하는 모둠도 있고, 개별로 조사하면서 이해가 안 되거나 혹은 못 찾은 친구들에게는 자신이 찾은 내용을 알려주기도 하면서 기록하는 모둠도 있다. 간단한 사실 문장만 기록한 아이들은 구체적인 내용을 보충하도록 피드백했다. 가령 '세균의 크기는 눈에 보이지 않을 정도로 작다'고만 기록했을 때는 그 크기가 어느 정도인지, 다양한 곳에서 생활한다면 장소가 어디인지 등을 더 탐구해 보라고 하였다. 각 문장을 판단하는 근거자료를 모아서 정리한 후에는 모둠별로 발표했다. 판단 근거 속에는 '마이크로미터(μm, 1/1000mm)'라는 단위와 2의 72승(세균의 번식 속도)이라는 수학적 개념도 들어있다. 초등과정에서 다루는 내용 밖의 범위이지만 아이들이 접하는 교과서 밖 자료들에는 나오는 내용이라 서로의 발표를 통해 함께 알아보았다.

탐구 결과가 비록 교과서에 제시된 내용과 비슷하지만, 일방적으로 주어진 것이 아니라 스스로 찾아낸 것이기 때문에 이해의 정도는 달랐다. 가령 '세균은 아주 다양한 곳에서 산다'라는 문장 뒤에는 영하 80도에서 70도까지, 사람이 살기 힘든 곳 심지어 사람에게는 치명적인 방사성 물질이 있는 곳에서부터 생활 주변 곳곳에 세균이 살고 있다는 사실이 받쳐주고 있다. 특히 '우리에게 해로운 영향도 주지만 이로운 영향을 주는 세균도 있다'에 대한 근거로 세균의 다양한 역할이 소개되었다. 우리가 먹는 음식뿐만 아니라 죽은 생물의 분해, 유전자 복제, 영양소 생성, 생태계 유지 등에 대해 알아가면서 세균이 없는 세상의 불편한 점이 명확하게 와닿았다.

1번 근거: 세균은 0.1µm, 5µm인 것도 있다. 현미경은 1,000배 이상이 되는 것으로 봐야 세균이 보인다.

2번 근거: 세균은 자연환경에서도 살지만, 동물의 위나 장, 사람의 피부 등과 같은 생물의 몸속에서도 산다. (흙, 어디서나)

3번 근거: 세균은 세포가 반으로 갈라지는 무성생식 이분법으로 번식한다. 세균은 환경 조건에 따라 번식 속도가 달라진다. 아주 좋은 환경에서는 20분이 되면 끝난다.

4번 근거: 세균은 우리에게 여러 가지 질병을 일으킬 수 있다. 하지만 세균은 된장, 치즈, 김치, 요거트 등을 만드는 데 도움을 준다. 대장균은 유전자 복제에 흔히 이용, 마이코박테리움은 형질 전환 사용.

아이들이 찾은 탐구 결과

✦ 균류가 없는 세상은 어떻게 될까요?

'균'이라는 글자 때문에 균류를 세균과 같은 종류라고 생각하는 아이들이 많다. 세균과 다른 존재임을 짚어주고 활동을 시작했다. 대표적인 균류인 곰팡이와 버섯을 제시하며 우리 눈에 보이는 곰팡이와 버섯이 미생물인 이유를 생각해 보았다.

- *곰팡이도 생물이다.*
- *버섯은 식물이 아니다.*

위 문장에 대한 근거를 모둠별로 토의했다. 주로 책에서 본 내용, 선행 학습한 내용으로 세포로 이뤄져 있다, 포자가 있다 등의 얘기가 나온다. 포자가 무엇인지 세포는 어떻게 관찰할 수 있을지 물으니, 대답을 못한다. 아이들의 생활 경험 속에서도 충분히 근거를 찾을 수 있는데 어렵게 생각하는 것 같다.

그래서 생명 현상을 다시 이야기하니, 곰팡이도 자라고 번식한다는 것을 떠올리기 시작했다. 버섯도 실제 식물과 비교하니 식물에는 있는 줄기, 잎, 뿌리가 버섯에는 없다는 것을 찾아낸다. 식물의 가장 큰 특징이 양분을 스스로 만드는 것인데, 이를 정확하게 '광합성을 하지 못한다'라고 표현하는 아이도 있지만, 대부분은 식물은 흙에서 자라는데 버섯은 나무에 붙어 있다. 정도로 차이점을 정리하였다.

사실	이유
곰팡이도 생물이다.	번식을 하기 때문
버섯은 식물이 아니다. (Tip: 버섯과 식물의 차이점을 생각해보세요)	• 버섯은 죽은 생물의 사체에서 번식을 한다. • 버섯은 뿌리가 없다. • 버섯은 번식을 할때 꽃을 피워 열매를 맺기 않고 • 포자로 번식을 하기 때문 우리 아니다 • 햇빛 받은 나뭇잎이 있지만 버섯은 나뭇잎이 없다.

✱ 모둠원과 함께 생각해봅시다.

사실	이유
곰팡이도 생물이다.	• 번식을 한다
버섯은 식물이 아니다. (Tip: 버섯과 식물의 차이점을 생각해보세요)	• 버섯은 썩은 나무에서 자란다 • 뿌리가 없다 • 나뭇잎이 없다 • 갓이 있다 • 광합성은 못한다

곰팡이가 생물인 이유, 버섯이 식물이 아닌 이유

〈균류 탐구 내용〉

· 곰팡이와 버섯을 현미경으로 관찰해 봅시다.

· 곰팡이와 버섯은 어떤 환경에서 잘 자랄까?

· 곰팡이와 버섯은 필요한 양분을 어떻게 얻을까?

· 곰팡이와 버섯이 우리 생활에 주는 해로운 점과 이로운 점은 무엇일까?

현미경을 다루는 첫 시간이기 때문에 눈으로도 관찰할 수 있는 '버섯'을 이용해 현미경 다루는 방법을 익혔다. 그리고 곰팡이는 사전에 촬영해 둔 화면을 아이들에게 보여주었다. 처음 현미경을 다룰 때면 초점조절나사 사용이 익숙하지 않아 관찰 대상이 화면 밖으로 벗어나거나, 프레파라트의 흠을 대상물로 착각하는 경우가 종종 있다. 하지만 이렇게 사전에 안내하면 그런 오류를 줄일 수 있다. 아이들은 화면 속 모습과 현미경 렌즈 안의 모습을 비교해 가며 곰팡이와 균사체를 관찰하였다.

정리 시간에는 탐구 내용을 서로 발표하고 내용을 보완하였다. 균류가 사는 환경이나 양분을 얻는 방법은 모둠마다 비슷한데, 우리 생활에 끼치는 영향에 대해서는 서로 달라 아이들이 더 집중하였다. 특히 균류의 분해자 역할은 찾은 모둠도 있고 그렇지 못한 모둠도 있었다.

"우리가 관찰한 곰팡이가 핀 빵은 시간이 지나면 어떻게 될까요?"

일상생활에서 곰팡이가 핀 음식은 대부분 폐기 처리하기 때문에 분해자로서 곰팡이의 역할을 관찰할 기회가 없다. 그래서 땅에 떨어진 도넛에 곰팡이가 피어 도넛이 점점 줄어들고 마지막에는 흔적도 찾기 힘들 만큼 분해되는 과정을 담은 영상을 함께 보면서 분해자 역할을 확인하였다.

마지막으로 균류가 없는 세상은 어떻게 변할지에 대해 이야기 나누었다. 좋은 점도 있지만, 균류가 없다면 사체가 분해되지 못해 지구 환경이 오염될 것이라는 의견이 제일 많았다. 작은 생물이지만 생태계에서 중요한 역할을 하는 존재임을 다시금 깨닫는 시간이었다.

* 곰팡이와 버섯을 관찰한 모습을 그림, 글로 정리하여 봅시다.

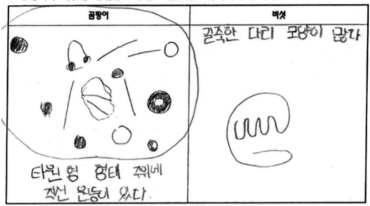

곰팡이	버섯
타원형 형태 주위에 작은 원들이 있다.	길쭉한 다리 모양이 많다

순	질문
1	곰팡이와 버섯은 어떤 환경에서 잘 자랄까?
2	곰팡이와 버섯은 필요한 양분을 어떻게 얻을까?
☆	균류가 우리 생활에 주는 해로운 점과 이로운 점은 무엇일까?

탐구 내용

1 근거: 따뜻하고 축축한 환경에서 잘 자라고 여름철에 많이 볼수 있다.
2 근거: 작은 생물이나 다른 생물에서 양분을 얻는다
3 근거 이로운 점은 낙엽과 죽은 동물들이 썩어 자연으로 되돌아가 생태계가 유지됨. 된장, 치즈 등과 같은 발효 음식을 만드는데 도움을 주는 곰팡이도 있다 푸른 곰팡이의 대사산물로 만든 항생제 페니실린이 대표적이다. 해로운 점은 어떤 종류의 버섯은 독이 있어 잘못 먹으면 위험하다 대표적으로 곰팡이 아스퍼질러스 플라버스의 대사산물인 아플라톡신B1 은 강한 간독성물질로 간암을 이르킨다.

균류 탐구 활동지

♦ 원생생물이 없는 세상은 어떻게 될까요?

원생생물은 아이들에게 이름부터 낯설며, 곰팡이나 버섯처럼 생활에서 쉽게 발견하기 힘든 생물이다. 그래서 3학년에서 학습한 연못이나 하천에서 사는 동식물과 관련지어 질문하였다. "이곳에는 또 어떤 생물이 살고 있을까?"라고 하자 자연스럽게 "미생물"이라고 대답한다. 구체적으로 어떤 생물인지는 모르지만, 우리 눈에 보이지 않는 다양한 생물이 있을 거라고 짐작하는 것이다.

이번 시간의 탐구 대상은 '원생생물'이라고 안내하고 원생생물이 사는 곳과 탐구할 원생생물을 소개하였다. 교육과정에서 제시하고 있는 짚신벌레와 해캄 외에 교과서에 사진으로 나와 있는 유글레나, 종벌레, 아메바의 영구표본을 추가하여 관찰하고, 탐구 내용을 정리하도록 안내하였다. 아이들에게 낯선 생물인 데다 인터넷에 소개된 원생생물의 설명도 전문적이어서 이 수업은 현미경으로 관찰하는 데 중심을 두고, 탐구 내용은 간략하게 제시하였다. 그리고 각각의 원생생물에 대한 특징을 간단하게 정리하여 나눠주고 해당 원생생물을 찾도록 하였다.

〈탐구 내용〉

· 해캄이 초록색을 띠고 광합성을 하는데 식물이 아닌 이유
· 짚신벌레, 종벌레 등은 스스로 움직이며 먹이를 먹는데 동물이 아닌 이유
· 원생생물의 해로운 점과 이로운 점

"유글레나가 생각보다 너무 작다. 눈으로는 하나도 안 보였는데 현미경으로 보니 이렇게 많다니……"

"해캄이 그냥 보기에는 가는 머리카락 같았는데, 확대하니까 대나무 같네."

"어, 아메바는 모양이 다 다르다. 왜 그렇지?"

"짚신벌레가 이렇게 번식하다니, 신기하네."

"종벌레 길이가 늘어났다 줄어들었다 한다. 정말 빠르다."

원생생물을 관찰하며 여기저기서 원생생물에 대한 감상평이 쏟아진다. 원생생물을 조사하던 중에 영상으로 종벌레가 먹이를 포획하는 장면, 짚신벌레가 움직이는 장면을 찾은 아이들은 친구들과 영상을 공유하였다. 특히 짚신벌레가 2마리로 나뉘는 장면을 보면서 응원하더니 완전히 분리되자 탄성이 터진다. 문제를 해결하는 과정에서도 모르는 단어가 나오면 그 단어를 찾아보거나 도움을 요청하기도 하는 등 내용을 이해하기 위해 노력하였다.

탐구 내용을 정리하는 시간, 해캄이 식물이 아닌 이유는 전 시간에 버섯이 식물이 아닌 이유를 정리했던 경험을 바탕으로 식물의 구조와 관련지어 발표하였다. 반면에 짚신벌레 등이 동물이 아닌 이유에 대해서는 의견이 다양하다. "번식 방법이 다르잖아요, 그냥 나뉘니까 동물이 아닌 것 같아요", "버섯이 식물 모습과 달랐던 것처럼, 원생생물도 동물 모습과 달라서 동물이 아니에요.", "너무 작고 눈코입도 없는 것 같고 그래서 동물이라고 할 수 없는 게 아닐까요?"처럼 아이들은 번식 방법과 모습의 차이점을 근거로 동물이 아닌 이유를 발표했다. 이러한 아이들의 생각을 바탕으로 원생생물을 식물도 동물도 아닌 단순한 생물로 정의하였다. 비록 단순한 생물이기는 하지만 원생생물이 우리 생활에 미치는 영향은 크다. 아이들은 이번 시간 탐구를 통해 낯설고 관심이 없었던 이 작은 생물들이 산소를 공급하고 물을 깨끗하게 해주는 등 생태계에 미치는 영향이 클 뿐만 아니라, 바이오에너지의 원료로 연구되고 있는 등 우리 생활과 관련이 많음을 알게 되었다. 그리고 원생생물을 활용하기 위해 과학기술이 적용되는 사례를 조사하게 되면서 '첨단생명과학'에 대해서도 이해하게 되었다.

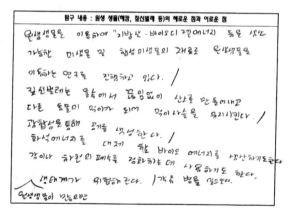

원생생물의 특징

원생생물이 우리 생활에 미치는 영향

✦ 무엇이 더 궁금하나요?

3주간에 걸쳐 세균, 균류, 원생생물을 탐구한 아이들은 그동안 학습한 내용과 조사 경험을 바탕으로 집중 탐구 과제를 진행하였다. 탐구에 앞서 첫 시간에 제시했던 '집중 탐구 과제'에서 탐구 내용, 평가 요소와 기준을 다시 확인하였다.

〈발표 준비는〉

· 지금까지 했던 것처럼 모르는 용어가 나오면 확인하고, 최대한 친구들이 이해할 수 있도록 자료를 정리합니다.
· 자신이 조사한 내용에 대해서는 그 누구보다 잘 알고, 설명할 수 있어야 합니다.

아이들은 수업 시간에 다룬 미생물 가운데 관심이 가는 생물(유글레나, 버섯, 푸른곰팡이 등), 새로운 생물(효모, 와편모류 등), 책을 통해 알게 된 미생물(우리 몸속 세균, 음식에 이용되는 미생물 등)을 중심으로 탐구 대상을 선택하였다. 그리고 온라인 자료, 도서관에서 빌려온 미생물 관련 책들을 활용하여, 알게 된 사실을 정리하였다. 집중 탐구 과제 안내자료를 펼쳐놓고 들어가야 할 내용과 평가 요소를 확인하기도 하고, 책과 웹의 백과사전을 번갈아 가며 내용을 정리하기도 하였다. 자신이 알게 된 사실을 친구들이나 지나가는 교사에게 설명해 주는 아이들도 있고, 자신이 이해할 수 있는 내용인지, 단어의 뜻은 무엇인지 꼼꼼하게 점검하는 아이들도 있다.

물론 그중에는 집중 탐구 활동을 어려워하는 아이들도 있었다. 그럴 때는 온라인 자료를 검색하기보다는 초등학생 수준에 맞춰 설명한 책을 읽도록 하였는데, 다양한 미생물들이 소개되어 있어서 원하는 내용을 정리할 수 있었다. 80분의 블록 수업 시간 동안 자료를 정리하고, 각자 한 주간 준비하여 다음 시간에 발표하기로 하였다.

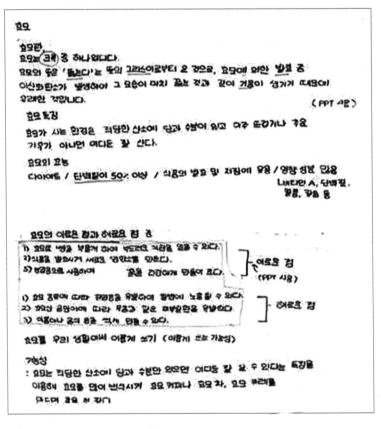

조사 내용 정리

발표 당일 아이들은 다소 긴장하기도 하고 설레기도 한 모습을 보였다. 각자 발표 연습을 간단하게 하면서 발표 내용을 다시 한번 점검하였다. 그리고 발표에 앞서 각 평가 요소별 잘함(☆), 보통(○), 노력 요함(△)의 기준을 확인하고 친구들의 발표를 평가할 수 있도록 준비하였다.

발표 형태는 PPT, 동영상, 발표자끼리 대화, 강의 등 다양하였다. 아이들에 따라 내용이 어렵기도 하고 목소리가 작아 마이크를 해도 전달이 어려울 때도 있었지만 발표 시간 내내 아이들은 온전히 발표자에게 집중했다. 그렇게 집중할 수 있었던 이유를 물어보니 친구들 평가도 해야 했지만, 어떤 미생물인지 궁금했고, 자신이 아는 내용은 무슨 말인지 아니까 목소리가 작아도 이해할 수 있었다고 한다. 또한, 새로운 사실(집에서 키우고 있는 '마리모'가 원생생물이었다, 시아노박테리아처럼 산소를 만드는 세균도 있다, 아메바 중에는 치명적인 영향을 주는 종류도 있다 등)도 알게 되어 흥미로웠다고 한다.

수행과제	평가요소＼단계	잘함	보통	노력요함
미생물학 자가 되어 미생물을 탐구한 내용을 소개하기	내용의 정확성	미생물의 특징, 우리 생활에 미치는 영향, 첨단 생명 과학에서의 활용(가능성)을 정확하게 소개함	미생물의 특징, 우리 생활에 미치는 영향, 첨단 생명 과학에서의 활용(가능성)을 소개하였으나 일부 정확하지 않은 부분이 있음	미생물의 특징, 우리 생활에 미치는 영향, 첨단 생명 과학에서의 활용(가능성)중 정확하지 않은 부분이 많음
	정보의 다양성	탐구 내용과 관련된 다양한 정보를 제시함	탐구 내용과 관련한 정보를 제시함	탐구 내용에 대한 정보를 제시하지 못하거나 일부분만 제시함
	과학적 의사소통	친구들이 이해할 수 있도록 용어 풀이, 예시 들기, 자료 제시 등 다양한 설명 방법을 활용하여 명확하게 설명함	용어 풀이, 예시 들기, 자료 제시 등 이해를 돕는 방법을 일부 활용하여 조사한 내용을 설명함	내용에 대한 설명이 부족하여 친구들이 이해하는데 어려움이 있음

□ 자기평가 / ▨ 교사 평가

단원 안내	미생물 탐구(세균-균류-원생생물)	집중 탐구-발표회	**단원 정리**

♦ 단원을 공부하고 어떻게 달라졌는지 여러분의 이야기를 들려주세요

"핵심질문에 대해 생각 변화가 있나요?"

첫 시간에 기록했던 단원의 핵심질문에 관한 생각을 확인한 후 지금은 어떻게 생각하는지 정리하였다. '미생물이 없다면 우리 생활은 어떻게 달라질까?'에 대한 답이 첫 시간과는 확연하게 차이가 난다. 아이들은 그동안 탐구한 내용을 떠올리며 글을 적어 나갔다. 내용이 구체적이고 더 많아졌으며 무엇보다 아무것도 보지 않고 활동지를 채워 나가는 모습을 보며 배운 내용을 확실하게 이해하고 있음을 알 수 있었다.

핵심질문에 관한 생각 변화

"평소 과학 시간과 어떤 점이 달랐나요?"

교사가 준비한 자리에 와서 실험하고 내용을 정리했던 지금까지의 과학 시간과 달리 이 단원은 아이들이 직접 탐구하는 시간이 많았다. 아이들은 이러한 방법을 어떻게 생각하는지 알고 싶어 힘들었던 점, 흥미로웠던 점을 물어보았다. 인터넷 자료를 그대로 복사하여 붙이기에 익숙해서인지 자료를 조사하고 직접 적는 것이 힘들었다는 아이들이 많았다. 현미경도 처음 다루다 보니 초점 맞추는 게 힘들었다는 아이들도 몇몇 있었지만, 대부분은 흥미로운 점을 자세하게 떠올렸다. 그리고 이렇게 발표하는 수업을 더 많이 했으면 좋겠다고도 했다.

힘들었던 점	흥미로웠던 점
•처음으로 생물의 특징을 조사했을 때 •조사한 자료를 직접 적는 것 (팔이 아팠어요) •정보를 이해하는 것이 어려웠다. •집중 탐구 과제 발표 •발표 자료 만들었던 것 •현미경으로 조절할 때	•세균의 이름이 길었던 것 •미생물을 조사하고 새로운 사실을 알게 된 것 •버섯이 미생물이라는 사실 •세균이나 곰팡이가 발효 음식을 만든다는 사실 •원생생물이라는 생물을 알게 된 것 •미생물의 모양, 특징, 능력 •현미경으로 미생물을 관찰 (특히 원생생물) •미생물이 이렇게 작은 줄을 몰랐다. •발표 시간에 남색 세균을 조사하고 발표하면서 세균에 대해 흥미가 생겼다. •미생물이라 해서 안 좋은 점만 생각했는데 이로운 점도 많아서 흥미로웠다.

단원을 마무리하며 그동안 탐구했던 활동지와 평가 체크리스트 등을 정리하고 표지를 만들어 단원 포트폴리오를 제작하였다. 포트폴리오 표지에는 단원 제목과 목차 그리고 간단하게 단원을 안내하는 그림 등이 들어가면 된다고 안내했었다. 그런데 아이들은 단원에서 배운 내용, 각각의 미생물에 대한 생각 혹은 활동에 대한 자신의 느낌과 변화 등을 표지에 기록하였다. 예상하지 못한 부분이라 놀라웠고, 아이들이 이 단원을 정말 열심히 공부했음을 확인할 수 있어서 고마웠다.

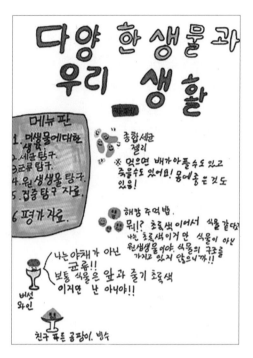

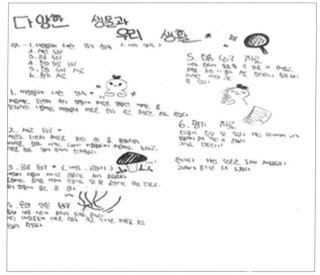

아이들의 생각이 담긴 포트폴리오 표지

미생물에 대한 생각 : 처음에는 단순히 우리 생활에 해로운 영향만 끼치는 줄 알았지만, 나중에는 미생물이 이로운 점도 주고 해로운 점도 있었다.

세균 탐구: 세균도 단순히 해로운 것만 주는 줄 알았지만, 폐수를 정화하는 데에 사용하다니 놀랍고 이로운 점도 많아서 신기했다.

균류 탐구(버섯, 곰팡이): 버섯이 식물이 아니고 균류라는 데 놀랐었다. 곰팡이는 음식을 썩게 만들어도, 약도 만들고 우리 생활에 좋은 걸 준다.

원생생물 탐구: 원생생물, 이런 게 정확히 뭔지도 몰랐다. 이런 미생물들이 해로운 것도 주고 이로운 점도 많이 주었다.

집중 탐구 자료 : 내가 외워서 발표할 수 있을지 무서웠고 일주일 동안 혼자 자료를 정리하니 힘들었다. 하지만 예상외로 잘했다.

평가 자료: 친구들이 정말 잘했다.

한마디: 이번 단원은 되게 재밌었다. 과학에 흥미를 더 느꼈다.

4) 교육과정과 수업으로 나를 성찰하다

◆ 아이들에게 전한 이야기

　단원 마지막 시간, 아이들의 포트폴리오에 담긴 탐구 내용을 확인하고 개별 피드백을 하였다. 그리고 다양한 생물에 대한 관심을 앞으로도 계속 가질 수 있도록, 앞서 수행과제로 생각하였던 '생물 다양성의 날'을 소개하였다. 특히 올해는 생물다양성협약 선정 주제가 '자연이 답, 우리가 함께할 때입니다'로 생물 다양성 보전을 위한 실천을 강조하고 있다.

　생물 다양성 보전은 생태계의 자연치유력 회복과 지구환경위기 극복에 꼭 필요한 활동이기에, 생활 속에서 실천할 수 있는 '에플다이어트(에너지 플라스틱 줄이기, 경상남도 교육청의 기후 위기 대응 교육) 운동'을 소개하였다. 이후 급식소에서 실시하는 '다채롭 데이(채식하는 날)', 날씨를 활용한 친환경 제품 개발 등의 관련 활동을 하면서 이 단원에서 배운 내용을 계속 이어갔다.

다양한 생물에게 앞으로도 관심을.... ^^

'생물다양성의 날'을 소개합니다.

5월 22일은 생물다양성 협약을 기념한 '생물다양성의 날'입니다. 생물다양성 협약은 생물다양성의 보전과 지속가능한 이용 등을 목적으로 하는 국제 조약입니다. 국제연합은 2002년부터 해마다 '생물다양성의 날' 주제를 정해 캠페인을 해오고 있습니다. 우리나라는 2010년부터 환경부를 중심으로 생물다양성의 날과 관련한 행사를 해오고 있습니다.

2021년 생물다양성협약 선정 주제는 '자연여 답, 우리가 함께 할 때입니다.'입니다. 생물다양성 보전은 생태계의 자연치유력 회복과 더불어 탄소를 흡수하는 힘을 증가시켜 지구환경위기 극복에 도움이 될 수 있습니다. 현재 지구상에 남아있는 야생동물은 1,300만에서 1,400만에 이를 것으로 보고 있습니다. 그리고 해마다 도시개발과 오염으로 2만 500에서 5만종이 사라져 다양성이 축소되고 있습니다. 앞으로 10~20년 내에 지구 전체의 생물 종의 25%까지 멸종할 것으로 전망되고 있다고 합니다. 인간과 자연이 공존하는 지구생태계를 위해 우리 모두 실천에 나서야 할 때입니다.

함께 실천했으면 좋겠어요, 에콜다이어트(에너지 플라스틱 줄이기) 운동!

○○야!
단원을 시작하면서 미생물을 자세히 보고 싶다고 했었는데, 그래서 인지 현미경을 잘 다루고 관찰도 잘했어요. 단원 탐구활동에 적극적으로 참여했고 조사, 관찰한 내용 기록도 꼼꼼하게 잘했습니다. 원생생물에 대해 이해하기 쉽게 설명을 해줘서 우리가 배운 내용을 정리할 수 있었던 것 같습니다. 2021. 6. 과학선생님

개별 피드백

이해중심 교육과정을 처음 적용해 본 단원이라 끝나고 나서야 보이는 것들이 있었다. '이렇게 해야 했는데……'라는 아쉬움이 남은 부분을 다시 정리하며 다음에 이 단원을 아이들과 함께 공부할 기회가 생긴다면 '탐구'라는 과학과 본질에 더 가깝게 활동을 해보고 싶다.

"핵심질문은 아이들과 함께 만들어 보자."

핵심질문은 탐구활동의 출발점이자 아이들의 이해 정도를 확인하는 근거이다. 단원을 공부해 나가면서 아이들의 이해 정도가 깊어질수록 질문에 대한 답도 과학적인 근거를 뒷받침하여 더 풍부해진다. 단원을 시작하면서 서술한 답과 마무리 시간에 적은 내용을 비교해 보면 확실히 차이가 난다. 그런 만큼 아이들이 이 단원에서 무엇을 탐구해야 하는지가 명확해야 하며 스스로 궁금점을 가진다면 흥미를 갖고 탐구해 나갈 것 같다. 실제로 2학기 '날씨와 우리 생활' 단원에서는 아이들이 직접 핵심질문을 만들었다.

단원 첫 시간에 단원명을 제시하면서 이 단원에서 우리가 배울 내용을 '질문'의 형태로 만들어 보았다. 5분 동안 포스트잇에 각자 질문을 만들어 활동지에 붙여 나갔다. 다시 5분을 주고 이번에는 모둠원과 함께 '질문'에 대해 이야기 나누고 모둠에서 생각하는 가장 중요한 질문 2가지를 정하고 그 이유를 정리하였다. 대부분의 모둠이 날씨가 변하는 까닭과 날씨가 우리 생활에 미치는 영향에 대하여 질문을 만들었다. 이 단원의 영속적 이해가 '대기의 상태에 의해 다양한 기상 현상이 나타난다', '날씨에 따라 우리 생활 모습은 달라진다'이므로 아이들은 이 단원에서 배워야 할 내용을 질문으로 잘 표현했다고 할 수 있다. 아이들의 생각을 그대로 모아 단원의 핵심질문을 '날씨는 왜 변할까?'와 '날씨는 우리 생활에 어떤 영향을 줄까?'로 정리하였다. 이런 과정을 통해 아이들은 스스로 단원의 질문을 만들었다는 성취감을 느끼고 단원을 시작할 수 있었다.

개별 질문	모둠의 핵심질문
① 왜 날씨는 날마다 다를까요? ② 우리 생활에 날씨가 필요할까? ③ 우리 생활에서 날씨는 어떤 도움을 줄까? ④ 우리 생활과 날씨는 무슨 관련이 있을까? ⑤ 나라마다 날씨는 다를까? ⑥ 날씨에 관한 자연재해는 어떤 것이 있을까? ⑦ 날씨는 왜 바뀔까? ⑧ 날씨는 왜 변할까? ⑨ 왜 날씨가 좋은 날도 있고 안 좋은 날도 있는 걸까? ⑩ 날씨는 우리 생활에 어떤 영향을 줄까? ⑪ 날씨의 종류는 몇 개가 있을까?	• 날씨는 왜 변할까? (날씨가 매일 달라지는데 그 이유가 궁금해서) • 날씨는 우리 생활에 어떤 영향을 줄까? (날씨가 우리 생활에 어떤 도움을 줄지 궁금해서)

"본질을 추구하는 수행과제를 만들어 보자."

이해중심 교육과정을 구성할 때 수행과제에 대한 부담이 제일 컸다. 뭔가 눈에 띄어야 할 것 같고, 멋지게 만들어야 할 것 같고, 전이를 위해 교실 밖으로 나가야 할 것 같고 어떻게 해야 그럴듯하게 보일까 하는 고민에 빠져 있었다. 이렇게 과제의 외양에 집중하는 탓에, 1단계에서 실정한 목표 세우기에 아이들이 도달했는지를 확인하는 과정으로서의 평가라는 그 본질을 잠시 잊었다. 평가에 대한 연구회 선생님들의 피드백은 그런 나의 겉멋을 되돌아보도록 했고 '집중 탐구'로 과제를 정할 수 있었다.

아이들은 '집중 탐구'를 위해 찾아본 자료에서 우리가 다뤘던 부분이 나오면 반가워했고, 새로운 사실을 알아가는 즐거움을 느끼기도 했다. 몸속에 있는 미생물, 미생물을 활용한 음식, 병균 등 자신의 관심에 따라 다양한 생물을 조사하였고 발표를 준비했다. 발표 자료를 만드는 데 시간을 들이는 것보다는 내용에 집중할 수 있도록, 발표 형식은 각자의 수준에서 선택할 수 있도록 했다. 만약 계획대로 전시회를 했었다면 전시물을 만드느라 그 안에 들어갈 내용물에 대한 조사를 많이 못 했을 것이다. 이처럼 전시회보다는 '집중 탐구' 과제가 이 단원에 더 적합한 수행과제였지만, 나의 아쉬움은 남는다.

조사학습에 대해 처음 가졌던 고민은 아이들이 제대로 해 오지 않는 것과 조사한 내용에 대한 이해가 부족하다는 것이었다. 하지만 이번에 활동하면서 과학과에서의 조사에 대해 생각해 보게 되었다. 아이들은 한 명도 빠짐없이, 수업 시간에 시간이 부족해 다 못한 발표 준비를 과제로 해 왔고 자신이 이해한 범위에서 발표했다. 그런데 뭔가 부족함이 느껴졌다. 무엇일까? 아이들이 한 조사는 '과학과'다운 조사였을까?

과학과의 조사는 과학과의 특성에 맞게 탐구적 요소가 들어가야 할 것이다. 단순히 찾아낸 정보만을 알려준다면 그건 다른 교과의 자료 조사와 다를 게 없다. 미생물에 대해 알아나가고, 현미경을 통해 미생물의 존재를 확인하는 과정에서 생기는 궁금한 점을 해결할 수 있도록 과제를 제시하는 것이 필요했는데, 그러지 못하고 대상만 확장했다. 조금 더 깊게 들어간 것이 아니라 '이런 미생물도 있어'라고 더 많은 미생물을 소개하는 정도로 그쳤다. 탐구보다는 정보 조사에 머물렀다는 것을 단원이 끝나고서야 알게 되었다. 앞으로 수행과제를 만들 때는 과연 교과의 본질에 적합한 과제인지를 고민해야 할 것이다. 그리고 수행과제에 넣어야 할 내용을 정해주는 것이 아니라 자신이 탐구하고 싶은 내용을 구성할 수 있도록 단원을 학습하는 동안 자신에게 질문을 던질 수 있는 시간을 가져야 할 것이다.

"그래서, 뭐가 더 궁금하지?"

◆ 나의 수업 속 이해중심 교육과정

과학 교과서를 펼쳐보면 매 차시가 질문들로 이루어져 있다. 아이들은 교과서에서 제시한 방법대로 실험하거나 조사해서 답을 실험관찰에 정리한다. 그런데 아이들은 과연 그 질문의 필요성을 느낄까? 그냥 질문이 있으니까, 답을 찾는 건 아닌지 되돌아보게 된다.

이해중심 교육과정을 접하면서 과학과의 모든 단원을 3단계에 맞춰 재구성하지는 못했지만, 아이들 스스로 질문을 만들 수 있도록 시도했다. 단원명이나 '영속적 이해'를 바탕으로 우리가 탐구할 내용을 질문으로 만들었다. '온도와 열' 단원명을 보고 아이들이 만든 질문들이다.

'온도가 무엇인가요?'
'온도계는 어떤 종류가 있나요?'
'온도와 열은 어떤 관계가 있나요?'
'온도와 열의 차이점과 공통점은 무엇인가요?'

처음에는 막연하게 생각하지만, 누군가 질문을 만들기 시작하면 그 다음부터는 자유롭고 다양한 질문들이 쏟아진다. 그리고 모둠원이 만든 질문 중 '핵심질문 찾기'를 하면서 좀 더 단원의 주제에 다가갔다. 그렇게 만들어진 아이들의 핵심질문을 모아 탐구 방향과 순서, 평가 과제를 안내했다. 이해중심 교육과정의 아주 짧은 버전이라고나 할까. 앞으로도 아이들이 이 활동을 통해 무엇을 알 수 있고, 알게 된 지식과 우리의 생활과는 어떤 관계가 있는지를 계속 생각할 수 있도록 하고 싶다.

교육과정을 해석하고 적용하는 관점은 교사마다 다를 것이다. 당연히 나의 해석과 방법이 정답이라고 할 수 없다. 그렇지만 현재 아이들의 질문에서 시작하여 교육과정에 관해 함께 이야기 나누는 과정을 반복하다 보면 아이들에게도, 나에게도 의미 있는 배움이 되지 않을까 기대해 본다.

4.
배움이 깊은
영어과 수업 만들기

- 아이들 삶 속에서 키워가는 '영어 자신감' 이야기 -

1) 1학기 수업을 디자인하기에 앞서

◆ "교과서대로 수업해 주세요."

"영어! 학교에서도 학원에서도 배우는데 사실 쓸모 없잖아요. 우리 아빠가 영어 못해도 잘 살 수 있다고 했어요. 프로젝트 하지 말고 그냥 교과서 대로 수업해 주세요."

전화 통화 프로젝트를 마치며 한 학생이 나에게 이렇게 말했다. 이유가 궁금해서 수업 후 만나보니 프로젝트 수업을 작년부터 많이 했는데 자신에게는 군이 영어가 필요 없고 또한 하고 싶은 마음도 없는데 활동만 많이 시키는 프로젝트 수업이 싫다고 했다.

반면 교과서대로 영어 수업을 했을 때 늘 시큰둥한 표정의 학생도 있었다. 그랬던 그가 전화 통화 프로젝트를 할 때는 주제 선정, 대본 작성,

발표 연습까지 짝과 함께 적극적으로 헤쳐 나갔다. 게다가 과제 발표날에는 대본을 모두 외우고 정성껏 소품까지 준비하여 프로젝트를 완수했다.

이 두 학생을 보면서 배움에 대한 필요성이 느껴지지 않는 수업에 참여해야 한다면 그때의 배움은 진정한 배움이라고 할 수 있는지 의아심이 생겼다. 만약 스스로 배우고 싶다는 의욕이 부족한 학생이 있다면 교사는 어떻게 해야 할까?

배움에 대한 동기에 대해 고민하다 영어 수업에 대한 학생들의 처음 생각이 떠올랐다. 처음 만났던 3월. 학생 대부분이 나에게 "영어는 어렵고 너무 무서워요"라고 말했다. 또한 영어 수업에 바라는 바를 묻는 설문조사에서 학생들은 '재밌고, 시험에 대해 걱정 없으며 친구와 비교되지 않는' 영어 수업을 부탁했다. 아마도 그들은 영어 과목을 평가의 수단으로 느꼈던 것 같다.

이랬던 학생들이 '전화 통화 프로젝트' 마지막 시간에는 준비는 어려웠지만, 친구와 함께한 활동들이 즐거운 추억으로 남았고 생활에서 사용되는 일상 영어로 친구와 대화하면서 왠지 영어 의사소통 실력이 향상된 것 같다며 많이 뿌듯해했다.

이들의 모습과 앞에서 만났던 두 학생을 떠올리며 학생들에게서 영어에 대한 두려움을 줄일 수 있으려면, 영어가 쓸모 있고 배울 가치가 있음을 학생들이 느낄 수 있으려면 나의 영어 수업은 어떤 방향으로 나아가야 할까. 고민이 시작되었다.

◆ 교육과정과 교과서에서 실마리를 찾아보자

고민의 실마리를 찾기 위해 영어 교육과정을 살펴보았다. 2015 및 2022 개정 교육과정에서 영어 교육의 궁극적인 목표는 의사소통 역량의 함양이다.

> • 학교 영어 교육은 영어 의사소통 능력을 갖추고 ⋯ 이를 위해 학습자가 영어에 대한 흥미 및 관심을 갖고 이를 바탕으로 자기 주도적인 영어 학습을 지속할 수 있도록 이끄는 교육이 되어야 한다.(교육부, 2015, p.3)
> • 영어과의 총괄적인 핵심역량을 ⋯ '영어 의사소통 역량'으로 명명 ⋯ '영어 의사소통 역량'이란 영어로 제시된 다양한 정보를 습득하고 문화적 산물을 향유하며, 영어로 자신의 생각을 창의적으로 표현하고, 영어 사용 공동체 참여자들과 협력적으로 상호 작용할 수 있는 역량을 말한다.(교육부, 2022, p.3)

이를 위해 2015 영어과 교육과정에서는 언어적 기능, 즉 듣기, 말하기, 읽기, 쓰기 습득을 강조하고, 2022 영어과 교육과정에서는 언어의 사회적 목적에 따른 이해(reception)와 표현(production), 사용자간 상호작용 영역에서 '지식·이해', '과정·기능', '가치·태도'의 측면을 고루 포괄하도록 한다.(교육부, 2022, p.4)

그런데 영어 교과서를 보면 학생들이 경험해 본 적이 없는 활동, 가본 적이 없는 장소 등이 제시되어 배움에 대한 접근이 망설여질 때가 있다.

따라서 영어 교과서를 그대로 따르기보다는 생활을 반영한 수업으로 영어에 대한 흥미를 높이고 영어를 배우고자 하는 마음이 생기도록 해야겠다. 또한 학생들이 본인의 생각을 영어로 표현할 수 있고 친구들과 협력적으로 상호작용할 수 있다면 영어 사용에 대한 자신감도 커질 것이다. 덧붙여 이러한 방안들을 듣기, 말하기, 읽기, 쓰기 영역으로만 반영할 것이 아니라 지식·이해, 과정·기능, 가치·태도 측면으로 더 세분화해서 수업을 실천한다면 영어 의사소통 능력을 더 탄탄하게 기를 수 있을 것이다.

♦ 학생들이 무엇을 할 수 있기를 바라니?

다음으로 시작할 단원에서는 '바라는 것을 묻고 답하기'와 '선물을 주며 표현하기'에 관한 의사소통 기능을 익혀야 한다.[4] 이를 준비하기 위해 대화를 통해 학생들의 경험을 알아보았다.

T: 여러분은 누군가에게 바라는 것 또는 희망하는 것을 물어본 적이 있나요?

S: 네, 친구에게 생일 선물로 무엇을 갖고 싶은지 물어본 적이 있어요.

T: 그때 친구가 어떤 대답을 했나요?

S: 친구가 말랑이를 갖고 싶다고 해서 제가 말랑이를 선물로 사줬어요.

T: 말랑이를 주고받으며 나눴던 대화가 생각이 날까요?

S: 저는 생일 축하한다고 말했고요. 친구는 저한테 자기가 좋아하는 말랑이를 선물로 줘서 고맙다고 말했어요.

이런 대화를 먼저 나눈 후 교과서를 펼쳐보도록 하였더니 교과서 속의 'What do you want for~, I want a ~, This is for you, Thank you'

---

4 본 연구에 사용된 교과서는 2015 개정 교육과정이 적용된 YBM 5학년 영어(김혜리 저)이다.

라는 영어가 삶과 동떨어진 것이 아니라 이미 학생들의 생활 속에서 자연스럽게 경험되고 있음을 알 수 있었다. 그래서 프로젝트의 소재를 교사가 정하여 안내하기보다는 그들의 경험과 시기적 특성과 교과서의 내용을 바탕으로 학생들에게 직접 정해보라고 하였다. 그 결과 학생들은 곧 다가올 어린이날을 맞아 즐겁게 놀이하면서 친구들과 선물을 주고받고 싶다고 했다. 여기까지 진행되자 학생들은 추가 안내가 없음에도 불구하고 놀이 운영 방법에 대해 본인의 생각을 구체적으로 말하기도 하고 프로젝트를 빨리 시작하자며 조르기도 했다.

이렇게 폭발하는 학생들의 마음을 담아 성취기준과 지도서 내용을 바탕으로 동심원 구조_{강현석 외, 2019, p.133}를 사용하여 프로젝트에서 다룰 학습 내용의 우선순위를 정해보았다.

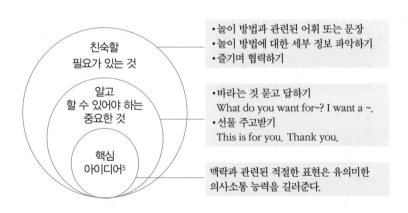

프로젝트의 학습 내용 우선순위 명료화

---

5 기존 '영속적 이해' 용어를 2022 개정 교육과정을 반영하여 '핵심 아이디어'로 수정하였다.

수업의 설계에서 실행까지 '상대방에게 바라는 것을 묻고 원하는 것 답하기, 선물 주고받기'를 가장 우선해서 고려하고 이는 수업 상황에서 여러 가지 변수가 생기더라도 '놓쳐서는 안 되는 것'의 기준으로 삼았다. 덧붙여 놀이 체험 시 즐거움만 따르지 않고 예절을 지키며 협력하는 태도도 함께 고려했다.

핵심 아이디어는 '맥락과 관련된 적절한 표현은 유의미한 의사소통 능력을 길러준다'라고 정했다. 이는 프로젝트가 끝날 때쯤 학생들이 물건을 주고받을 때 필요한 영어표현을 생활 속에서 적절하게 사용하여 서로의 의견이 잘 전달되는 원활한 의사소통의 경험을 갖기를 바라는 마음을 담은 것이다. 그런 경험을 통해 학생들의 영어 자신감이 한 단계 더 상승하는 계기가 되길 기대해 본다.

2) 수업을 디자인하다

1단계: 목표 세우기

■ 단원이 끝나고 학생들이 알아야 하고 할 수 있기를 기대하는 모습
은 어떠한가?

> 생활 속에서 영어로 상대방에게 바라는 것을 묻거나 자신이 원하는 것을 표현
> 하는 의사소통을 할 수 있다.

■ 이 단원에서 학생들이 중요하게 배워야 하는 것은 무엇인가?

	지식 · 이해	과정 · 기능	가치 · 태도
언어	▷ 바라는 것 묻고 답하는 표현 What do you want for~? I want a ~. ▷ 선물 주고받을 때의 표현 This is for you. Thank you. ▷ 놀이 방법에 대한 정보 전달 글	▷ 놀이 방법 설명하고 파악하기 ▷ 바라는 것 묻고 답하기 ▷ 예시문 참고하여 목적에 맞는 글쓰기 ▷ 선물 식별하기 ▷ 감사 표현하기	▷ 흥미, 자신감을 가지고 읽으며 즐기는 태도 ▷ 협력하며 의사소통 활동에 참여하는 태도
맥락	▷ 오락에 관한 내용(개인 생활) - 놀이하는 상황 및 목적		

■ 단원에서 학생들의 사고와 탐구를 위한 핵심질문은 무엇인가?

> 바라는 바를 묻고, 자신이 원하는 것을 표현하는 의사소통을 원활하게 하려면
> 어떻게 해야 할까?

2단계: 평가 계획하기

■ 학생들이 이해했다는 것을 어떻게 확인할 수 있는가?

수행평가 과제	「Our Class Play Festival」 운영 및 체험하기
그 외 평가 방법	관찰, 자기평가, 상호평가

3단계: 학습활동 구성하기

■ 학습활동은 어떻게 구성하였는가?

차시	학습활동
1	• 단원 훑어보고 일상생활 주제 찾아보기
2	• 듣기, 말하기 영어 놀이
3	• 읽기, 쓰기 영어 놀이
4	• 수행평가 과제 확인 및 놀이 부스 준비하기
5	• 시범운영 및 보완하기
6	• 단원 중간 Test
7~8	• 놀이 부스 운영 및 놀이 체험하기
9	• 프로젝트 정리하기 및 소감 나누기

 더 자세히 살펴보기

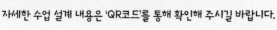

〈2. 수업을 디자인하다〉의 수업 내용은 이해중심 교육과정의 수업 설계 방법(1~3단계)에 따라 간략하게 재구성한 것입니다.

자세한 수업 설계 내용은 'QR코드'를 통해 확인해 주시길 바랍니다.

3) 깊이 있는 이해를 위한 수업의 여정들

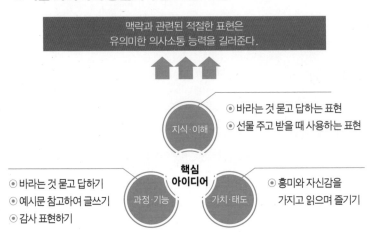

깊이 있는 학습을 위한 수업 디자인 미리보기

1. 핵심 아이디어 중심의 수업 내용 구성

맥락과 관련된 적절한 표현은
유의미한 의사소통 능력을 길러준다.

**핵심
아이디어**

지식·이해
- 바라는 것 묻고 답하는 표현
- 선물 주고 받을 때 사용하는 표현

과정·기능
- 바라는 것 묻고 답하기
- 예시문 참고하여 글쓰기
- 감사 표현하기

가치·태도
- 흥미와 자신감을
  가지고 읽으며 즐기기

2. 삶과 연계한 학습

'바라는 것을 묻고 답하기'와 '선물을 주며 표현하기'와 관련된 수업은 앞으로 다가올 어린이날을 반영하여 'Our Class Play Festival'로 정한다.

즐거운 어린이날을 위해 학생들이 제일 좋아하는 놀이 6가지를 정하고 모둠당 1가지 놀이 부스를 운영한다. 모둠 내 부스 운영팀과 놀이 체험팀을 나눈 후 서로 교대한다. 놀이 후 선물로 갖고 싶은 물건이 무엇인지 묻고 답하며, 선물(스티커)을 주고받는 상황에 적절한 영어표현을 사용하여 상호 소통한다.

3. 교과 내 영역별 연계와 통합

이 단원에서는 바라는 것이 무엇인지 묻고 이에 적절하게 대답하기, 선물 주고받으며 고마운 마음 표현하기의 문장을 익힌 후 주어진 상황에서 정확한 의견을 전달하는 듣기와 말하기 영역이 중심이다. 모둠은 운영팀과 체험팀으로 나뉘며 운영팀은 간단하게 쓴 안내서를 보여주며 놀이 방법을 설명하고, 체험팀은 운영팀의 안내를 듣거나 안내서를 읽으면서 놀이 방법을 이해할 수 있다.

이렇게 학생들이 일상에서 하는 놀이를 영어 학습에 적용하여 2015 개정 영어과의 언어 기능(듣기, 말하기, 읽기, 쓰기) 또는 2022 개정 영어과의 영역(이해, 표현, 사용자 간의 상호작용)이 서로 독립적으로 또는 상황에 따라 연계되거나 통합되어 의미 있는 의사소통이 되도록 구성한다.

4. 학습에 대해 성찰하기

이번 프로젝트는 놀이를 직접 체험하면서 생활 속의 생생한 영어를 경험해 볼 수 있다. 따라서 놀이 활동을 설계할 때 학생들의 생활 모습을 담아야 한다. 친구들이 좋아하는 놀이인지, 교실에서 모둠으로 운영할 수 있는 놀이인지, 친구들이 이해하기 쉬운 내용인지 친구들과 의논하며 함께 고민하게 된다. 그리고 나의 배움이 자연스럽게 영어 핵심 문장을 말할 수 있는 수준인지 놀이 방법 안내문을 읽거나 쓸 수 있는 수준인지 되돌아보며 보완할 부분을 찾고 스스로 노력하며 수정해 가도록 한다. 활동 후에는 나의 참여 태도에서 좋았던 점이나 아쉬웠던 점을 찾으며 나의 성장 모습을 발견하게 될 것이다.

◆ 핵심질문으로 생각의 문을 두드리자

어린이날을 맞이하여 교실 놀이를 하고 싶다는 마음을 담아 프로젝트명을 「Our Class Play Festival」로 정하고, 학생들과 대화를 나누며 프로젝트의 목표를 세워보고자 하였다.

S1: Festival에서 놀이를 체험하니까 놀이 방법을 아는 게 중요해요.

S2: 제 생각에는 놀이 활동은 조금 서툴더라도 놀이하고 나서 선물을 주고받을 때 필요한 대화를 영어로 표현할 수 있느냐가 더 중요하지 않을까요?

이런 대화를 나눈 후 이번 프로젝트는 놀이 자체보다는 놀이 후 선물을 주고받는 상황에 필요한 의사소통에 초점이 있음을 명확히 하고 의사소통할 때의 태도도 프로젝트 설계에 반영하기로 하였다. 그래서 프로젝트를 진행하는 동안 학생들은 '바라는 바를 묻고, 자신이 원하는 것을 잘 표현하는 의사소통을 원활하게 하려면 어떻게 해야 할까'에 대해 계속 고민하고 프로젝트를 마칠 때 이 질문에 대한 답을 스스로 찾아갔는지 평가한다고 안내하였다. 그리고 이를 '핵심질문판'에 적어 학생들이 자연스럽게 핵심질문에 대해 생각할 수 있도록 교실 앞 칠판에 붙여두었다.

✦ 영어 의사소통 기능 연습은 영어 놀이로!

상대방에게 바라는 것을 묻거
나 자신이 원하는 것을 표현할 때
필요한 핵심 단어, 핵심 어구, 핵
심 문장은 기초 학습을 먼저하고
다양한 영어 놀이로 반복·심화할
수 있도록 원어민 교사와 협력하
였다. 팝송 듣고 단어 찾기, 진화

진화게임

게임을 하며 주요 문장 말하기, 4-Corners에 제시된 단어 및 문장 알맞
게 읽기, 영어 단어를 문장으로 알맞게 재배열하기, 교사와 학생 선택의
일치 여부를 알아보는 Telepathy Game 등 다양한 학습 놀이를 실감
나게 체험하면서 학생들은 부담 없는 분위기에서 지식과 기능 영역에
서 듣기, 말하기, 읽기, 쓰기를 통합하고 친구들과의 바람직한 상호작용
을 쌓아가며 Festival에 필요한 배움의 기초를 단단히 다져 나갔다.

♦ 학생들의 아이디어로 프로젝트 준비하기

「Our Class Play Festival」을 통한 신나는 배움이 학생들의 삶 속에 자연스럽게 스며들 수 있도록 학생들의 아이디어를 최대한 반영하여 아래와 같은 방법으로 프로젝트를 준비하였다.

첫째, 사전 과제로 개인별 희망 놀이 1가지를 조사한 후 모둠 토의를 통해 교실에서의 실천 가능성, 흥미 등을 고려하여 모둠 대표 놀이 3개를 후보로 정했다. 그 후 모둠별로 중복되지 않

모둠별 놀이 정하기

도록 조율하여 최종적으로 모둠당 1개의 놀이를 정했다.

둘째, 전화 프로젝트에서 대본 외워 말하기가 어려웠다는 의견을 보완하여 놀이설명서를 외우지 않고 예시문을 참고하여 놀이 방법 안내문을 간단히 쓰고 읽으며 학습이 더딘 학생은 수준에 맞춰 모둠에서 도와주기로 했다.

셋째, 놀이를 체험할 때는 학생들이 맘껏 즐길 수 있도록 한글 사용을 일부 허용하되 놀이 체험 후 선물을 주고받을 때는 반드시 상대방에게 바라는 것을 묻고 자신이 원하는 선물에 대한 의사 표현을 영어로 하기로 하였다.

넷째, 놀이 체험 후 주고받을 선물이 진짜라면 어떤 선물을 받고 싶은

지 사전에 조사하고 이를 라벨지에 출력하여 스티커 형식으로 사용하기로 했다.

| 단원 안내 | 영어 의사소통 연습 | Festival 준비 | Festival 체험 | 단원 정리 |

✦ 놀면서 배우는 Our Class Play Festival

처음에는 모둠을 설명팀, 체험팀으로 나눠서 한 차시 안에 교대로 활동하려고 하였으나 놀이 체험에 대한 학생들의 요구가 높아서 이틀에 걸쳐서 Festival을 열었다.

거의 모든 학생이 핵심 문장을 알고 있었지만, 학습이 느린 학생이나 불안으로 실력을 제대로 표현하지 못하는 학생들을 위해 필요한 대화문을 예시 형태로 TV에 띄워놓았다. 그리고 체험이 끝난 후 다른 놀이 체험 부스로 이동하여 경험할 때는 미리 만들어 둔 안내문을 참고하도록 하였다.

첫날에는 놀이 체험 10분, 부스 이동 및 정비 시간 10분, 놀이 체험 10분으로 진행했는데 여러 시행착오가 생겨 수업 시간 40분을 훌쩍 넘겼다. 둘째 날에는 부스 이동 및 정비가 익숙해져서인지 놀이 체험을 각각 15분씩 하고, 준비 시간을 5분만 가져도 운영이 자연스럽게 되었다.

놀이가 끝난 후 참가 선물로 본인이 바라는 선물 스티커를 받아 스티커 판에 부착하고 놀이 체험 부스를 돌 때마다 체험한 내용, 느낌 등을 간단하게 기록하여 단순히 재미로만 끝내지 않고 스스로 정리의 시간도 가졌다.

보드게임, 놀이 체험 기록

| 단원 안내 | 영어 의사소통 연습 | Festival 준비 | Festival 체험 | 단원 정리 |

✦ 놀이 속에서 영어 자신감이 한 뼘 성장하다

　책상에 앉아서 외우는 공부가 아니어서 좋았다던 학생들의 말처럼, 이번 프로젝트는 교사가 일방적으로 설명하고 학생들이 이를 받아들이는 방식에서 벗어나려 하였다. 학생이 직접 놀이를 계획하고 함께 준비하며 일상에서 하는 재밌는 놀이를 교실에서 직접 체험하는 것이어서 매우 적극적으로 활동하였다.

　또한 바라는 것을 묻고 답할 때, 선물을 주고받을 때 원활한 의사소통이 이루어지려면 어떻게 해야 하는지 성찰일지에 쓰도록 했더니 학생 대부분이 어떤 영어 문장을 사용해야 하고, 그 문장들 각각이 어떤 의미이며, 언제 사용해야 하는지 등을 정확하게 적었다.

　일지를 쓰면서도 "선생님! 이 문장들은 너무 많이 말해서 이젠 무슨 뜻인지 다 알아요!"라고 웃으면서 말하던 학생들이 떠오른다. 그만큼 학생들이 핵심 영어표현을 생활 속에서 자연스럽게 체화한 것이 아닐

바라는 것을 묻고, 답할때에는 "What do you want to
놀이얌" 이라고 묻고 ,, 답할때는 "I want 물건이름" 이라고
답하고 물건 줄때는 "This is for you" 하고 "Thank you"를
한다. 그럼 "You're welcome" 이라고 답한다
왜냐하면 "What do you want for 해이름"은 놀이얌에서
무엇을 원하니?" 라는 뜻이고, "I want 물건이름" 하면 "나는 물건이름을
원해" 라는 뜻이 된다. "This is for you"는 "이것은 너를
위한 것이야 " 라는 뜻이다. "Thank you"는 "고마워"라는 뜻
"You're welcome" 도 Thank you 에 대답 "천만에"라는
뜻이다. 그래서 마피아 팀에 가서 게임

핵심질문에 대한 나의 생각

까 싶다.

　영어를 암기 과목으로 생각하고 높은 시험 점수를 목적으로 접근했다면 이와 같은 모습이 보였을까? 영어가 외국어인 우리나라에서 영어를 배운다는 것은 참 생소하면서도 어렵다. 하지만 미래에는 지금보다 더 당연하게 영어를 사용할 것이고 학생들은 전 세계 다민족 사람들을 만나게 될 것이다. 그런 사회를 살아갈 우리 학생들이 이번 프로젝트 속에서 본인들의 살아있는 놀이를 수업에 접목하여 영어로 서로 소통했다. 이런 경험들이 쌓여 영어가 그리 어렵지 않고 나도 노력하면 친구들과 영어로 의사소통할 수 있다는 자신감이 한 뼘 커진 것 같다.

4) 교육과정과 수업으로 나를 성찰하다

◆ 148명의 학생 모두에게 전하는 이야기

초반에는 이번 프로젝트가 놀이 체험이라서 학생들이 단순히 즐거워하는 줄 알았다. 하지만 아니었다. 공식적으로는 9차시 수업이었지만 학생들은 본인들의 여유 시간까지 할애하면서 책임을 다해 과제를 해결하였다. 학생들의 진심이 나에게 전해지는 짜릿한 경험을 하면서 오히려 내가 학생들에게 고마운 마음이 들었다. 적극적으로 노력하는 학생들의 모습에 감동받아 목이 메기도 했고 친구들과 의논하며 문제를 해결해나가는 학생들의 성장 모습이 내 눈으로 확인되는 신기한 경험도 할 수 있었다.

이렇게 멋진 학생들이었기에 나 또한 진심을 담은 피드백을 주고 싶었다. 학생들의 모습과 상황을 관찰하고, 온라인 형성평가 결과와 성찰 일지 등을 살펴보며 학생들의 수준을 점검하고 수시로 필요한 부분에 대해 최선을 다해 피드백하려 노력했다.

특히 마지막 수업 시간에는 활동하면서 관찰했던 내용, 프로젝트 초반과 비교하여 변화된 모습, 기대치보다 더 크게 성장한 모습, 꼼꼼하게 작성한 학생의 성찰 일지 등을 바탕으로 나와 함께했던 148명 학생 모두에게 사랑의 피드백 쪽지를 썼다. 한 명도 포기하지 않았고 끝까지 과제를 완수한 모든 친구에게 진심으로 박수를 보내고픈 마음을 담았다.

담임 교사였다면 교실 생활 전반의 모습까지 관찰하면서 더 꼼꼼하게 피드백할 수 있었겠지만 전담 교사로서 영어 수업 시간에만 만나는 148명 모두에게 개별 쪽지를 남긴다는 것이 사실 매우 어려웠고 아주 긴 시간이 필요했다. 하지만 피드백 쪽지 쓰기는 학생들의 얼굴과 이름과 학습 결과물들을 서로 연결하며 한 명, 한 명 꼼꼼하게 살펴볼 수 있는 기회가 되었고 또한 내 수업의 설계를 전체적으로 다시 검토할 수 있는 귀한 시간이 되기도 했다. 이 방법은 분명 쉬운 것은 아니다. 하지만, 이 경험은 앞으로 만나게 될 학생들에게 최선을 다해 피드백을 주도록 나를 견인할 것이다.

모든 학생에게 개별 피드백하기

♦ **이해중심 교육과정으로 단원을 다시 실천한다면…**

수업 계획을 세울 때 영어과는 기능 교과이므로 결국 영어를 듣고, 영어로 말하고, 영어를 읽고, 영어로 쓸 수 있는, 즉 영어 의사소통 역량을 길러주도록 설계해야 한다. 또한 2022 개정 영어과 교육과정의 3가지 영역을 반영하여 사용자 간의 상호작용까지도 고려해야 한다. 하지만, 학생들의 수준과 흥미는 천차만별이고 이를 반영하여 수업 계획을 짜더라도 교사의 기대만큼 개별화된 수준의 적절한 배움이 학생들에게 일어나기란 정말 어렵다.

「Our Class Play Festival」에서도 이런 모습이 보였다. 핵심 문장 듣기, 말하기, 읽기, 쓰기 연습을 여러 번 반복하고 예시문도 안내해 줬음에도 불구하고 '놀이 방법 설명서 간단하게 쓰기'를 어려워하는 학생들이 있었다.

그래서 프로젝트 마지막 시간에 어떻게 하면 쓰기의 부담을 최소화할 수 있을지 학생들에게 직접 물어보았다. 그런데 이번 프로젝트는 학생들이 직접 계획하고 준비하며 실천해서인지 그들의 입에서 그들의 수준에 맞는, 그들의 삶이 반영된 아이디어들이 마구 쏟아졌다. 놀이 방법 쓰기가 배움의 최종 목표가 아니므로 놀이 방법을 종이에 쓰지 않고 실제 놀이 모습을 동영상으로 찍어서 사용했다면 더 이해하기 쉬웠을 거라고 했다. 또 짧은 만화 형식으로 그림을 그리고 포인트만 간단하게 영어 문장으로 나타내도 적절한 설명이 가능하다는 아이디어도 나왔다. 덧붙여 바라는 것을 묻고 원하는 것을 나타내는 것이 결국 배움의 목표였기에 놀이 설명은 한글로 하고, 핵심적인 의사소통만 영어로 했어도 괜찮지 않았냐는 질문도 있었다.

이처럼 학생들과 함께 프로젝트를 되돌아보면서 그들에게서 그들의 눈높이에 적당한 학습 방법을 다양하게 얻을 수 있었다. 교사의 계획에 교사가 매몰되지 않도록 열린 자세를 잊지 말아야겠다고 다시 한번 다짐하는 시간이었다.

덧붙여 놀이가 모둠별로 모두 다르다 보니 사용해야 하는 영어 단어 및 문장이 5학년 영어과 교육과정 내에서 소화하기 어려운 부분들도 있었다. 영어 의사소통의 체험 기회를 늘리기 위해 원어민 교사와 협력하였으나 선행학습이 되지 않도록 표현의 범위나 종류를 5학년 교육과정 내에서 좀 더 제한할 필요가 있는 것 같다.

따라서 다음 프로젝트를 계획할 때는 영어과 교육과정의 학년 간 연계 및 학생의 수준을 더 살펴보고 「Our Class Play Festival」처럼 학생들 삶의 실제적인 부분을 학생들과 함께 찾아보며 다양한 협력 활동이 이루어지도록 하면 좋을 것 같다.

이처럼 성찰의 시간은 학생 및 교사의 현재 수준을 자각할 수 있도록 해준다. 학생들은 영어에 관심을 갖고 수업 시간에 더 집중할 수 있으며 영어 의사소통 경험을 더 쌓으려는 동기를 갖게 될 것이다. 그리고 교사는 학생들에게 그러한 경험을 만들어 주기 위해 마땅히 다음 프로젝트를 향한 출발점에 서려고 할 것이다. 분명 성찰의 시간으로 서로 불편해지고 다소 민망한 순간을 만나게 될 수는 있다. 하지만 반대로 서로 칭찬하고 격려하며 반성하는 이 시간을 통해 또 한 발 나아갈 수 있는 게 아닐까 싶다.

5) 2학기 수업을 디자인하기에 앞서

♦ 여름방학 끝! 2학기 영어 수업은 어떻게 시작하지?

교과서 순서로는 2학기 영어 수업 첫 주제가 '출신지 묻고 답하기'이지만, 개학이라는 시기에 맞추어 방학에 있었던 일과 관련된 수업을 하고 싶었다. 그래서 2학기 첫 주제를 '과거 표현 배우기'로 정하고 수업 전 학생들의 실제 방학 생활을 알아보는 온라인 설문 조사를 했다.

그 결과, 여름방학에 강이나 바다에 갔다는 학생, 친척들을 만났다는 학생, 학원만 다녀서 힘들었다는 학생 등 풍성한 여름방학 경험을 알 수 있어서 첫날부터 생기 넘치는 영어 수업이 되었다.

그러면서 자연스럽게 생활 속에서 과거형 표현을 언제 많이 사용하는지 물어보았더니 학생들은 보통 일기를 쓸 때나 TV 뉴스 등을 볼 때 과거 표현을 접하게 된다고 답했다. 이 순간을 놓치지 않고 학생들에게 영어 일기나 영어 뉴스에 대해 넌지시 소개를 하니 눈치 빠른 학생들이 강하게 거부 표시를 했다. 하지만 이러한 활동에 대한 서로의 생각을 좀 더 알아보자며 자유롭게 대화를 하도록 시간을 주었더니 여기저기서 뉴스 동영상을 직접 만들어 보는 것도 재미있을 것 같다는 말들이 나오기 시작했다. 영어 뉴스에 대한 두려움이 차츰차츰 설렘으로 변하더니 기대감으로 폭발하였다.

"영어 일기는 솔직히 영어 학원에서도 쓰는 친구들이 많아요. 하지만 영어 뉴스를 우리가 만들어 본 적이 없으니 어렵더라도 이번에 친구들과 함께 만들어 보는 것도 재밌을 것 같아요."

♦ 2학기 첫 프로젝트의 순조로운 출발

적극적인 학생들 덕분에 프로젝트가 빨리 진행되었다. 학생들의 의견을 반영하여 모둠으로 활동하고, 뉴스 시나리오는 예시문을 참고하되 학생들의 여름방학 경험을 담도록 하며, 동영상은 학생들이 직접 촬영하기로 하였다. 그리고 프로젝트의 이름은 2학기 개학과 동시에 진행한다는 점, 과거형 표현을 배운다는 점 등을 고려하여 투표를 통해 「Last Summer Vacation」으로 정해졌다.

이를 위해 2015 개정 교육과정에서 듣기, 말하기, 읽기, 쓰기 영역에서 가장 관련 있는 성취기준을 프로젝트의 방향에 맞도록 재구조화하였다. 말하기 영역에서는 뉴스 속에서 학생들의 실제 경험을 말하면서 표현의 유창성을 기를 수 있는 기준으로 선택하였다. 듣기 영역에서는 말하기 영역과 연계하여 시각 자료인 뉴스 동영상을 보고 중심 내용 이해하기로 정했다. 읽기는 시나리오를 읽고 사실적 정보를 파악하기로 하였고, 쓰기 영역에서는 1학기 프로젝트의 문제점이었던 영어 작문에 대한 부담감을 낮추기 위해 형식화시킨 예시문을 바탕으로 모둠 협력 대본을 간단히 작성하되 모둠의 수준에 따라 가감하도록 했다.

또한 2022 개정 영어과 교육과정을 반영하여 디지털 자료와 도구를 활용해서 학생들의 창의적인 발상을 공유할 수 있도록 내용 체계에서 뉴스 제작과 관련한 '다양한 매체 활용하여 창의적으로 표현하기'를 '습득해야 하는 기능'으로 추가하였다. 또한 짝 활동, 모둠활동 등을 통한 사용자 간의 상호작용을 계획할 때는 '협력하며 의사소통 활동에 참여하는 태도'에 주안점을 두기로 했다.

◆ 배워야 할 것들이 많네. 우선순위를 정해보자

넘쳐나는 영어 정보 속에서 프로젝트와 관련된 학습 내용을 우선순위로 구분하였다. 이는 교육과정에 제시된 성취기준 및 성취기준 해설과 함께 Wiggins와 McTighe의 6가지 이해 중 생활 속 '적용'에 초점을 두고 우선순위 동심원 구조강현석 외, 2019, p.133를 사용하여 아래 그림과 같이 정리하였다. 한정된 수업 차시 안에서 다룰 수 있는 배움의 내용과 깊이는 제한되기에 아래 그림에서 바깥 원으로 갈수록 수업 상황에 따라 유연하게 조정하려 한다.

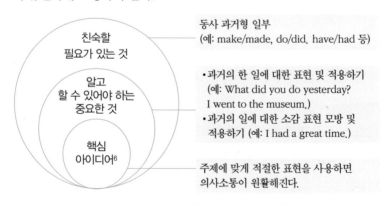

프로젝트의 학습 내용 우선순위 명료화

---

6 기존 '영속적 이해' 용어를 2022 개정 교육과정을 반영하여 '핵심 아이디어'로 수정하였다.

동사의 과거형을 만드는 방법은 5학년 영어과 교육과정에서는 깊이 다루지 않으므로 원어민 교사와 협의하여 교과서 단어 중심의 게임 형식으로 접근하고, 그 외에 학생들이 생활 속에서 자주 사용하는 동사나 동영상 제작에 사용할 동사 등은 필요할 때마다 과거형을 알아보려 한다. 또한 과거의 한 일이나 그에 대한 소감 표현을 바르게 이해할 수 있도록 다양한 예시 상황을 알려주고, 상황별 필수 표현을 실제로 사용토록 한다.

이러한 방법으로 학습이 끝나면 학생들은 최종적으로 '주제에 맞게 적절한 표현을 사용하면 의사소통이 원활해진다'라는 이해 (Understanding)에 도달하게 될 것이고 이는 다시 일상으로 전이되어 학생들이 상대방과 과거의 한 일에 대해 의사소통을 할 수 있게 되기를 기대해 본다.

♦ 이해 Understanding 에 도달했음을 어떻게 알 수 있을까?

「Last Summer Vacation」 프로젝트를 수행하고 학생들이 핵심 아이디어에 도달했다는 것을 어떻게 판단할 수 있을까? 이를 해결하기 위해 Wiggins와 McTighe(2012)가 제시한 준거 유형 4가지, 바라는 결과를 성취했는지(효과), 수행한 학생의 활동이 지식, 기능, 이해를 반영했는지 (내용), 과제물이 세련되게 만들어졌는지(질), 충분히 준비하고 협력했는지(과정)강현석 외, 2019, p.191를 살펴본다. 평가에 4가지 영역을 모두 포함해야 하는 것은 아니지만 최대한 이 4가지를 평가 준거로 하여 평가 계획을 세운다면 좀 더 꼼꼼하고 타당한 평가가 될 것이다.

그래서 이를 반영하여 이번 프로젝트에서는 시나리오 작성과 뉴스 동영상을 구분하여 뉴스 동영상 제작을 완수하는지(효과), 동영상 속에 필수 영어표현의 의사소통이 이루어지는지(내용), 시나리오 작성 시 모둠 협력으로 작성하되 여름방학의 학생 경험이 담긴 과거 표현을 정확하게 사용하는지(질), 모둠원들이 서로 협력하여 적극적으로 참여하는지(과정)를 살펴보도록 평가 계획을 세웠다.

⑥ 2학기 수업을 디자인하다

1단계: 목표 세우기

■ 단원이 끝나고 학생들이 알아야 하고 할 수 있기를 기대하는 모습은 어떠한가?

> 생활 속에서 과거의 한 일에 대해 상대방과 의사소통할 수 있다.

■ 이 단원에서 학생들이 중요하게 배워야 하는 것은 무엇인가?

	지식	기능	태도
언어	▸ 과거의 한 일 묻고 답하는 표현 예: What did you do yesterday? I went to the museum. ▸ 과거의 일에 대한 소감 표현 예: I had a great time. ▸ 여름방학 경험에 대한 뉴스	▸ 여름방학에 한 일의 세부 정보 파악하기 ▸ 과거에 한 일에 대한 표현 모방 및 적용하기 ▸ 예시문 참고하여 목적에 맞는 글쓰기 ▸ 창의적으로 뉴스 동영상 표현하기 ▸ 피드백 반영해 고쳐 쓰기	▸ 흥미, 자신감 가지고 읽으며 즐기는 태도 ▸ 협력하며 의사소통 활동에 참여하는 태도
맥락	▸ 여름방학 개인 생활에 관한 내용 ▸ 뉴스 동영상 제작에 대한 내용		

■ 단원에서 학생들의 사고와 탐구를 위한 핵심질문은 무엇인가?

> 과거에 한 일에 대해 알기 위해서는 어떻게 묻고 답해야 할까?

2단계: 평가 계획하기

■ 학생들이 이해했다는 것을 어떻게 확인할 수 있는가?

수행평가 과제	여름방학에 대한 모둠 뉴스 만들고 발표하기
그 외 평가 방법	관찰, 자기평가, 상호평가(모둠 내, 모둠 간)

3단계: 학습활동 구성하기

■ 학습활동은 어떻게 구성하였는가?

차시	학습활동
1	• 여름방학 이야기 릴레이 말하기 및 단원의 일상생활 주제 찾기
2	• 프로젝트 확인 및 모둠별 주제·역할 정하기
3~4	• 동사 과거형 이해하기
5	• 모둠 뉴스에 대한 시나리오 작성하기
6	• 시나리오 점검 및 완성하기
7	• 모둠 뉴스 동영상 촬영하기
8~9	• Last Summer Vacation News 발표하기
10	• 프로젝트 정리하기 및 소감 나누기

더 자세히 살펴보기

⟨2. 수업을 디자인하다⟩의 수업 내용은 이해중심 교육과정의 수업 설계 방법(1~3단계)에 따라 간략하게 재구성한 것입니다. 자세한 수업 설계 내용은 'QR코드'를 통해 확인해 주시길 바랍니다.

7) 깊이 있는 이해를 위한 2학기 수업의 여정들

2학기 개학 후 첫 번째 프로젝트는 개학 첫 주의 교실 분위기를 반영하여 '과거 표현 배우기'로 정한다. 학생들의 생활 경험을 배움의 소재로 사용하기 위해 수업 전에 온라인으로 '여름방학 지낸 이야기'를 설문 조사하고 수업 중 그 결과를 친구들과 나누려고 한다. 교사의 일방적인 설명보다는 설문 결과를 함께 공유하면서 과거 표현을 자연스럽게 이해하게 되고 '여름방학 경험에 대한 모둠 뉴스'를 만듦으로써 과거에 한 일에 대한 영어표현을 심화 · 발전시키려 한다.

3. 교과 내 영역별 연계와 통합

말하기 영역에서는 본인들의 실제 경험을 말하면서 과거 표현에 대한 유창성을 기를 수 있도록 하며 듣기 영역은 모둠 뉴스 동영상을 듣고 중심 내용을 이해할 수 있도록 한다. 읽기 영역에서는 시나리오를 읽고 사실적 정보를 파악하며, 쓰기 영역은 간단한 예시문을 통해 모둠 협력으로 시나리오를 작성한다. 그리고 2022 개정 영어과 교육과정을 반영하여 뉴스 제작 측면에서 '다양한 매체 활용하여 창의적으로 표현하기'를 '습득해야 하는 기능'으로 정하여 디지털 자료와 도구를 활용하여 학생들의 창의적인 발상을 공유할 수 있도록 하며 사용자 간의 상호작용 및 가치·태도를 고려하여 '협력하며 의사소통에 참여'하도록 한다.

4. 학습에 대해 성찰하기

뉴스 동영상 제작은 학생들이 처음 해보는 활동 방법이고 본인들의 여름방학 경험을 담아야 하므로 협동심과 주도적인 참여가 매우 중요하다. 준비 과정이 길고, 많은 시행착오도 거치게 되지만, 부족한 부분은 서로 채워주고, 자신이 맡은 책임은 적극적으로 수행하도록 한다. 따라서 시작 단계에서는 여름방학 경험 중 뉴스 동영상으로 만들 만한 주제에 대해 모둠원들의 생각을 들어보고, 합리적인 역할 분담은 되었는지 확인한다. 제작 과정에서 동영상 제작 조건 중 놓친 것은 없는지 영어 대사 습득 정도는 어떠한지 동영상은 체계적으로 제작이 되고 있는지를 점검한다. 마지막으로 뉴스 시청 시에는 친구들의 부족한 부분을 지적하기보다는 좋은 점을 칭찬하며 서로가 서로를 본받을 수 있는 건강한 관계를 만들어 가도록 한다.

◆ 우리도 핵심질문을 만들 수 있어요

이번 프로젝트의 핵심질문은 학생들이 직접 만들어 보기로 하고 우선 온라인 설문 조사 결과를 공개했다. 첫 시간에 '여름방학 지낸 이야기'의 결과를 보며 나와 같은 경험이 있는지, 나와 다른 경험은 무엇인지, 여름방학 중 특별히 즐거웠거나 슬펐던 일이 있었는지 이야기를 나눴다. 그리고 교과서의 Key expression과 New Words를 살펴보며 이번 단원을 프로젝트로 설계한다면 어떤 핵심질문이 적절할지 학생들에게 물어보았다.

> "교과서에 과거 표현이 나오는데 지난 여름방학은 결국 과거잖아요. 그러니 이번 프로젝트는 여름방학을 주제로 친구들과 과거 표현의 대화를 나누는 과정일 것 같아요."
> "그렇다면 프로젝트의 핵심질문은 '지난 여름방학 경험에 대해 어떻게 묻고 답해야 할까요'라고 하면 어때요?"

학생들이 만든 핵심질문을 좀 더 일반적인 내용으로 수정하기 위해 이번 프로젝트를 통해 학생들이 궁극적으로 무엇을 알아야 하고 그것을 바탕으로 현실에서 어떤 것을 할 수 있어야 하는지에 더 초점을 맞추어 고민하자고 했더니 결국 '과거에 한 일에 대해 알기 위해서는 어떻게 묻고 답해야 할까'로 핵심질문이 정해졌다.

◆ 두려움을 도전 의식으로 바꾸는 수행과제

학생들이 과거에 한 일에 대해 실제처럼 서로 묻고 답하는 경험을 가지려면 어떻게 해야 할까? 어떤 방법으로 계획하여야 학생들이 진정한 이해(Understanding) 수준에 도달하게 될까?

자료를 찾다가 우연히 학생들이 직접 뉴스를 만들어 소개하는 유튜브를 보게 되었다. 이런 방법이라면 어렵지 않을 것 같아서 다음 시간에 학생들에게 설명 없이 이 동영상을 먼저 보여주었더니 눈치 빠른 학생들은 이 방법은 어렵다고 난리였다.

하지만 이미 아홉 번이나 프로젝트를 수행한 학생들의 수준을 고려할 때, '뉴스 프로젝트'가 충분히 도전 가능하며 이를 통해 학생들의 수준이 한 단계 더 성장할 것 같았다. 그래서 지금 표출되는 두려움을 줄이는 방법이 있을 거라며 계속 다독였다.

> "선생님, 친구들과 함께라면 뉴스를 만들 수 있을 것 같아요."
> "우리가 지금까지 뉴스를 만들어 본 적이 없어서 무섭지만, 한편으로는 뉴스를 만드는 것이 궁금하고 재밌을 것 같아요."

어느새 대화 분위기가 바뀌었다. 자신들이 직접 뉴스 동영상을 만들 거라는 생각에 흥분하기도 하고 프로젝트 진행 일정, 진행 방법 등에 대해 벌써 질문하기도 했다. 그래서 우선 영어 뉴스 만들기를 수행과제로 하고 제작 방법 및 평가 방법에 대해서는 학생들의 의견을 반영하여 조율하기로 하였다.

✦ News에 우리의 경험을 담으려면 이렇게!

수행과제가 결정된 후 프로젝트의 대략적인 안내서를 작성했다. 학생들이 지금 무엇을 해야 하고, 다음 단계로 무엇을 준비해야 하는지 등을 스스로 점검할 수 있도록 프로젝트의 성취기준, 핵심질문, 수행과제의 전반적인 흐름, 그리고 동영상 제작을 위한 실천 방법을 구상할 수 있도록 평가 기준도 간단하게 담았다. 교사가 작성한 안내서는 초안일 뿐! 학생들이 훑어보고 궁금한 점, 수정할 점 등의 의견을 나눈 후 안내서 내용을 수정하였다.

뉴스 동영상을 제작할 때는 학생들의 실제 경험을 담아야 하고, 아무 역할도 하지 않는 모둠원이 없도록 모든 모둠원이 뉴스에 등장하여 과거 표현의 묻고 답하는 대화를 하기로 했다. 또한 시나리오는 예시문을 바탕으로 모둠 협력으로 간단하게 작성하기로 했다.

모둠별 뉴스 주제는 창문 열기 기법으로 서로의 경험을 공유한 후 정했다. 여름방학 중 가장 기억에 남는 경험을 키워드로 쓰고 자유롭게 그 낱말에 대한 경험을 설명하였다. 설명을 들은 후 반복되는 경험이 무엇인지, 동영상으로 제작할 만큼의 의미가 있는지, 동영상으로 실제 제작 가능한지 등을 고려하여 최종 모둠 뉴스 주제 1개를 정했다. 단, 방학 동안 학생들의 일과가 비슷하거나 통상적으로 이루어지는 활동이 많아서 모둠별 주제 중복은 허용하되 뉴스를 풀어나가는 방식은 다르게 하기로 했다.

주제 선정 창문 열기

◆ 우리 힘으로 News를 만들었어요

　동영상 제작을 위해 역할을 나눴다. 아나운서, 리포터, 카메라맨, 학생 등을 기본으로 하되 반드시 동영상에는 모든 모둠원이 최소 1회 등장하여 영어 대화를 나누는 모습을 담았다. 그리고 시나리오 예시문은 원어민 교사의 협력으로 미국 뉴스에 등장하는 인사말, 날짜, 자기소개, 주제 안내, 리포터와의 대화 문장 등을 사용하여 현장감을 높이고 모둠의 주제에 따라 역할이나 대사는 수정하였다. 대본 작성을 위해 동사 과거형이 중요하지만, 선행학습이 되지 않도록 5학년 교과서 위주로 기본 학습을 하고 시나리오 작성에 특정 단어가 필요하면 그때 과거형을 추가하였다. 또한 문법적인 부분은 애니메이션, 게임 등을 활용하여 반복 학습 및 자기 점검이 같이 되도록 하였다.

　또한 시간적 부담을 줄이기 위해 모둠 연습부터 동영상 촬영까지 수업 시간에 모두 완료하도록 일정을 잡았다. 학교 행사를 고려하며, 업무 담당 교사의 양해를 구해 교실, 컴퓨터실, 도서관, 복도 등 최대한 모둠별로 독립 장소를 배정하여 실감 나는 연기 활동 및 재촬영 등을 편하게 하도록 하였다. 제한된 시간 안에 밀도 높은 과제 수행을 하는 학생들의 열정이 매우 빛나는 시간이었다.

News 촬영 모습

◆ 친구들의 News 함께 나누어요

드디어 모둠 뉴스 발표 날이 되었다. 뉴스 시청 전 평가 기준을 재안내하고 과제 수행에 공을 들인 학생들의 정성이 충분히 표현되도록 이틀 동안 발표하여 교사 평가, 동료 평가, 자기평가가 모두 이루어지도록 하였다.

News 장면

모둠별 뉴스 동영상 발표 후 시청자들(학급 친구들)은 모둠 주제(Topic), 우수한 점(Plus), 개선이 필요한 점(Minus), 인상적이거나 재밌었던 점(Interesting)을 메모하였다. 단, 뉴스 시청보다 평가에 치중하지 않기, 평가 문항에 억지로 답하지 않기를 약속하고 모든 모둠의 발표가 끝난 후 가장 기억에 남는 모둠 뉴스에 대해 함께 이야기를 나누었다. 학생들은 자신들이 만든 뉴스였기에 최대한 집중해서 시청하였으며 사용해야 하는 필수 문장을 사용했는지 모둠 협동은 잘 되었는지 등을 공정하게 평가하려는 진지한 태도를 보였다.

"1모둠이 실제 뉴스처럼 실감 났고, 과거 표현이 적절했어요."

"3모둠과 우리 모둠 Topic은 같은데 발표 방법은 달랐어요."

"6모둠 뉴스를 할 때 ○○의 코믹한 모습이 즐거웠고, 6모둠 친구들이 천천히 또박또박 말해줘서 듣고 이해하기가 쉬웠어요."

◆ 핵심질문의 정답 찾기를 넘어서

핵심질문이 '과거에 한 일에 대해 알기 위해서는 어떻게 묻고 답해야 할까?'이므로 성찰 일지를 쓰는 평가 방법보다는 과거에 한 일을 묻고 답하는 영어 말하기 중심의 관찰 평가를 하였고, 쓰기는 다양한 형식의 문항을 이용하여 개인별 평가가 되도록 온라인으로 실시했다. 말하기 평가 결과 거의 모든 학생이 통과했고 쓰기도 학급 평균 80점 이상 나왔다. 읽기 및 듣기 평가는 동영상 제작 과정 및 동영상 시청 과정에서 자연스럽게 살펴보았는데 프로젝트를 직접 계획하고 연습하고 동영상을 제작해서인지 자연스럽게 높은 도달도를 보였다.

그러나 이번 프로젝트에서 배움의 속도가 더딘 학생들도 있었다. 학습이 매우 더딘 경우는 단어를 거의 모르는 단계여서 과거 동사 표현을 관찰하는 수준으로 피드백을 하고, 학습을 조금 어려워하는 학생은 교과서에 나오는 문장 패턴을 복습하는 수준으로 최대한 개별 수준에 맞추어 피드백을 하였다.

프로젝트를 마치며 핵심질문에 대한 답을 찾는 수준에서 나아가 핵심질문이 가지는 가치에 대해서도 이야기를 나눴다. 과거에 한 일에 대해 영어로 묻고 답하는 방법을 알아보는 프로젝트를 우리는 왜 해야 했던 것일까? 이 물음에 대해 학생들은 '일상에서 과거 표현을 많이 사용하기 때문에 과거를 묻고 답하는 영어표현은 배울 가치가 있다, 과거의 사건이나 그때의 감정 등을 나눌 때 외국인과 자연스럽게 생각을 주고

받을 수 있다, 한글의 과거처럼 영어의 과거 표현을 안다면 여러 방면의 언어 지식을 넓힐 수 있다' 등 뉴스 프로젝트를 통해 과거에 한 일에 대해 서로 의사소통을 할 수 있다는 지적인 단계를 넘어서서 이 활동의 교육적 당위성까지도 찾을 수 있었다. 나아가 일상에서 영어를 더 잘할 거라는 자신감이 커졌고, 모둠활동을 통해 친구를 경쟁이 아니라 서로의 성장을 돕는 관계로 여기게 되었다.

이번 프로젝트는 학생 본인들의 삶을 담고 학생이 주도적으로 배움을 이어가는 수업이 이루어질 때 비로소 교육의 효과가 높아짐을 여실히 보여주는 증거인 것 같다.

4. 9단원을 배우고 나서 무엇을 할 수 있게 되었나요?

내 마음 & 태도	좀 더 잘할수 있겠다는 생각이 많이 들었다.
영어활동&정보를 처리할 때	내가 이만큼 잘 한다는걸 보여주었다.
친구와 협동할 때	좀더 대화가 더 잘 풀릴수 있었다.
의사소통할 때	과거동새를 배워서 말할때 조금 더 자신감이 생겼다

프로젝트 소감문

8) 2학기 교육과정과 수업으로 나를 성찰하다

◆ 프로젝트는 성장이다

이번 프로젝트에서 나는 1학기 프로젝트의 미흡했던 부분을 최대한 보완하려고 노력하였다. 활동 전 학생들의 출발 상태를 확인하기 위해 온라인 사전 조사를 실시했으며 주제 선정에 있어서도 교사가 일방적으로 통보하기보다는 최대한 학생들에게 선택권을 주었다. 또한 작문의 부담을 낮추기 위해 실제 사용되는 뉴스 시나리오 형식을 학생 수준으로 단순화시킨 예시문을 사용했으며 무임승차를 줄이기 위해 모든 모둠원이 1개 이상의 역할을 수행토록 했다.

준비한 시간에 비해 발표 시간은 길지 않았지만, 결과물에 도달하기까지 학생들은 오랜 시간 함께 시나리오를 작성하고 대본 읽기를 연습했으며 서로 합을 맞춰 실감 나는 연기를 담아 뉴스를 촬영하는 등 매우 능동적으로 참여하였다. 첫날에 못 하겠다고 떼를 쓰던 그들이 결국 당당하게 수행과제를 해낸 것이다.

학년 초 영어 수업을 시작하면서 했던 설문조사가 다시 떠오른다. 그들이 원했던 '재밌고, 시험 걱정 없으며 친구와 비교되지 않는' 영어 수업. 나는 그들이 필요로 하는 영어 수업을 계획하고 꾸려 나갔을까? 학생들의 마음 저 밑바닥에 깔려 있던 영어에 대한 두려움과 거부감이 조금이라도 자신감으로 변했을까?

아래는 〈'News 프로젝트'를 한 단어로 표현하면?〉이라는 질문에 대한 학생들의 답이다. 이번 프로젝트를 통해 학생들이 주도적으로 활동할 수 있을 때, 그리고 이를 위해 교사가 꼼꼼한 안내자가 되어줄 때 비로소 진정한 배움이 일어날 수 있다는 걸 경험할 수 있었다.

이제는 영어가 싫다던 학생들이 진심으로 어디까지 성장할 수 있을지 궁금해진다.

News 프로젝트는 (성장)이다.
그 이유는 (친구와의 관계도 성장했고 영어에 대한 지식도 성장했기) 때문이다.

News 프로젝트는 (변환점)이다.
그 이유는 (영어가 재미없다는 내 생각을 바꿔주었기) 때문이다.

News 프로젝트는 (추억)이다.
그 이유는 (모둠 친구들과 웃고 즐거운 시간을 함께 보냈기) 때문이다.

'News 프로젝트'를 한 단어로 표현하면?

♦ 학생들의 삶 속으로 두 발 더 들어가기 위해

영어 교사는 기능 교과로서의 영어의 특징을 고려하여 영어과의 핵심 내용을 가르치고 학생들이 무언가를 할 수 있는 수준이 되도록 끊임없이 고민해야 한다. 그들의 삶 속에서 꾸준히 활용할 수 있는 실제 같은 배움이 생기려면 학생들의 삶을 최대한 영어 수업에 반영하는 교육과정을 설계해야 한다.

태어나면서부터 자연스럽게 한글을 사용하게 되는 학생들이므로 영어라는 외국어를 바르게 이해시키기 위해 수업마다 적절한 활동들을 다양하게 사용해야 했고 또한 그 활동들이 단순히 acting으로 그치지 않도록 학생들의 경험을 담은 맥락까지도 함께 고민해야 했다.

맥락이 실제와 비슷할수록 교육의 지속성은 높아질 것이고, 앞으로 만나게 될 상황에 적응하고 배운 지식을 그 상황에 적용하면서 학생들의 지식 체계는 더 공고히 될 것이다.

하지만 나의 방법이 정답은 아니다. 나 역시도 먼저 실천한 선배님들의 자료를 참고했고, 지금도 내 옆에 계신 선생님들의 의견을 들으며 함께 배워가고 있다. 배움은 학생뿐만 아니라 나에게도 꾸준히 일어나야 함을 당연한 책무라고 또 다짐해 본다.

✦ 이해중심 교육과정으로 단원을 다시 실천한다면······

내 수업에서 아쉬운 점은 아직도 교과서에 얽매여 있다는 것이다. 영어 교과서는 단원별로 특정 상황이 정해져 있고 그 상황에 필요한 지식적인 부분이 담겨있다. 그러나 교과서의 내용을 일방적으로 제시받는 우리로서는 학생들의 실제 상황과 다소 동떨어진 흐름에 당황할 때가 있다. 그럼에도 불구하고 나는 평소 영어 수업을 설계할 때 재구성을 하더라도 습관적으로 단원 순서대로 하곤 했다. 그러나 생활 속에서 미래를 묻고 답하면서 동시에 어제 있었던 일과 관련하여 대화할 수 있듯이 다음 영어과 수업을 설계할 때는 학생들의 삶의 흐름에 맞게 몇 개 단원을 연계하여 주제 중심으로 구성해 봐야겠다.

　마지막으로 백워드 방법으로 이해중심 교육과정을 구상할 때 백워드 1단계부터 순서대로 하지 않아도 된다는 점을 꼭 당부하고 싶다. 나는 교육과정을 설계할 때 보통 백워드 2단계를 먼저 고민한다. 수행과제에 대해 학생들과 이야기를 나누고 자료들을 찾아서 함께 고민하다 보면 오히려 학생들의 입을 통해 이 수업을 해야 하는 이유가 나오기도 하고 주어진 단원에서 배워야 하는 주요 표현을 미리 알아차리기도 한다. 그래서 오히려 비슷하지만 다른 상황이 주어질 때 학생들이 해당 영어 문장을 적절하게 사용하게 되어 이해도가 더 높아질 수 있다. 따라서 이해중심 교육과정을 너무 어렵게 생각해서 시도도 하지 않는 것보다는 쉽게 접근할 수 있는 단계부터 시작해도 괜찮을 것 같다.

참고문헌

강현석, 이지은(2016). 이해중심 교육과정을 위한 백워드 설계의 이론과 실천: 교실혁명. 서울: 학지사

강현석, 이지은, 배은미(2019). 최신 백워드 교육과정과 수업설계의 미래(2nd). 파주: 교육과학사.

교육부(2015a). 2015 개정 교육과정 총론 해설서(초등학교) 개발 연구. 교육부.

교육부(2015b). 초등학교 교육과정(교육부 고시 제2015-74호). [별책 2]

교육부(2015c). 영어과 교육과정(교육부 고시 제2015-74호), [별책 14].

교육부(2016). 2015 개정 교육과정 총론(일반) 연수자료. http://www.edunet. net/ 2022.11.12. 검색)

교육부(2019). 사회 4-1: 초등학교 교사용 지도서(2nd). 서울: 천재교육.

교육부(2021a). 초등학교 국어 2-1 교사용지도서, 서울: 미래엔.

교육부(2021b). 2022 개정 총론 주요사항 마련을 위한 연구 공청회 자료집(2011. 10. 22)

교육부(2021c). 더 나은 미래, 모두를 위한 교육 2022 개정 교육과정 총론 주요 사항(시안). 교육부 서지자료. 교육부 보도(2021. 11.24.)의 붙임1.

교육부(2021d). 교과 교육과정 개정을 위한 연구진 2차 합동 워크숍(2021. 12. 17-18). 교육부.

교육부(2021e). 초등학교 통합교과 바른생활, 슬기로운 생활, 즐거운 생활 2-1 교사용 지도서, 서울: 동아출판.

교육부(2021f). 초등학교 과학 5-1 교사용 지도서, 서울: 천재교육.

교육부(2022a). 초등학교 교육과정(교육부 고시 제2022-33호), [별책 2].

교육부(2022b). 영어과 교육과정(교육부 고시 제2022-33호), [별책 14].

교육부(2022c). 2022 개정 교육과정 총론 해설: 초등학교. 교육부.

김경자, 온정덕, 이경진(2017). 역량 함양을 위한 교육과정 설계 이해를 위한 수업. 교육아카데미.

김대현(2015.9). 2015 개정교육과정에 대한 이해 및 백워드 설계. 교육과정학회 뉴스레터, 서울.

김병일, 황철형, 정상원(2021). 초등학교 이해중심 교육과정 설계를 위한 수행과제 유형 탐색. 학습자중심교과교육연구, 21(7), 41-61.

김혜리, 황창녕, 강영옥, 임희진, 경지숙, 김태영, 정윤희, 정수정, 신재욱, 이지현, Jordan Vinkoor(2021). 영어 5-1: 초등학교 교사용지도서. 서울: YBM

백남진, 온정덕(2016). 역량기반 교육과정의 이해와 설계. 서울: 교육아카데미.

온정덕, 변영임, 안나, 유수정(2018). 교실 속으로 간 이해중심교육과정. 살림터.

온정덕, 김병연, 박상준, 방길환, 백남진, 이승미, 이주연, 한혜정(2021). 2022 개정 교과 교육과정 개발 기준 마련 연구. 충북: 교육부.

온정덕(2022). 역량과 주도성을 기르는 2022 개정 교과 교육과정. 서울교육 2022 겨울호 249호.

이홍우(2017). 교육과정탐구. 서울: 박영사.

정수경(2017). 과정중심평가 측면에서의 백워드 설계 방식을 호라용한 맥락적 수행과제 개발. 내러티브와 교육연구, 5(3). 249-269.

정유진(2014). 지니샘의 행복교실 만들기, 에듀니티.

황철형. 한국초등학교 교실 맥락에서 이해중심교육과정의 수용과 변용. 부산대학교 박사학위논문.

황필아, 임수연, 안정은, 오희숙, 이삭, 정신우, 최와니(2019). 2015 개정 교육과정 교수·학습자료 초등 5-6학년군 영어. 54-7310000-000114-01: 교육부, 인천광역시교육청 외 16개 시·도교육청.

Ballanca, J. A.(2015). Deeper learning-beyond 21st century skills. 김하늬, 최선경. 서울: 테크빌교육.

Bruner, J. (1960). The Process of Education. 이홍우 역(1973). 브루너 교육의 과정. 서울: 배영사.

McTighe, J., & Wiggins, G.(2013). Essential Questions: Opening Doors to Student Understanding. 정혜승, 이원미 공역(2016). 핵심질문: 학생에게 이해의 문 열어주기. 서울: 사회평론아카데미.

McTighe, J., & Silver, H. F. (2020). Teaching for deeper learning: Tools to engage students in meaning making. Alexandria, VA: ASCD.

OECD(2020). What students learn Matters: Towards a 21st century curriculum. OECD Publishing, Paris, Httos://doi.org/10.1787/3081ceca-en.

Tyler, R.(1949). Basic principles of curriculum and instruction. Chicago, IL: University of Chicago Press.

Wiggins, G., & McTighe, J. (2005). Understanding by Design(2nd ed). 강현석, 이원희, 허영식, 이자현, 유제순, 최윤경 공역(2008). 거꾸로 생각하는 교육과정 개발. 서울: 학지사.

Wiggins, G., & McTighe, J.(2005). Understanding by Design(2nd ed). Alexandria, VA: Association for Supervision and Curriculum Development.

Wiggins, G., & McTighe, J. (2011). The Understanding by Design Guide to Creating High-Quality Units. 강현석, 유제순, 조인숙, 이지은 공역(2013). 백워드 단원 설계와 개발: 기본모듈(I). 파주: 교육과학사.

Wiggins, G., & McTighe, J. (2012). The Understanding by Design Guide to Advanced Concept in Creating and Reviewing Units. 강현석, 유제순, 온정덕, 이지은 공역(2015). 백워드 단원 설계와 개발: 기본모듈(II). 파주: 교육과학사.

삶의 행복을 꿈꾸는 교육은
어디에서 오는가?

미래 100년을 향한 새로운 교육

혁신교육을 실천하는 교사들의 **필독서**

● **교육혁명을 앞당기는 배움책 이야기** 혁신교육의 철학과 잉걸진 미래를 만나다!

한국교육연구네트워크 총서

01 핀란드 교육혁명	한국교육연구네트워크 엮음	320쪽	값 18,000원
02 일제고사를 넘어서	한국교육연구네트워크 엮음	284쪽	값 13,000원
03 새로운 사회를 여는 교육혁명	한국교육연구네트워크 엮음	380쪽	값 17,000원
04 교장제도 혁명	한국교육연구네트워크 엮음	268쪽	값 14,000원
05 새로운 사회를 여는 교육자치 혁명	한국교육연구네트워크 엮음	312쪽	값 15,000원
06 혁신학교에 대한 교육학적 성찰	한국교육연구네트워크 엮음	308쪽	값 15,000원
07 진보주의 교육의 세계적 동향	한국교육연구네트워크 엮음	324쪽	값 17,000원
08 더 나은 세상을 위한 학교혁명	한국교육연구네트워크 엮음	404쪽	값 21,000원
09 비판적 실천을 위한 교육학	이윤미 외 지음	448쪽	값 23,000원
10 마을교육공동체운동: 세계적 동향과 전망	심성보 외 지음	376쪽	값 18,000원
11 학교 민주시민교육의 세계적 동향과 과제	심성보 외 지음	308쪽	값 16,000원
12 학교를 민주주의의 정원으로 가꿀 수 있을까?	성열관 외 지음	272쪽	값 16,000원
13 교육사상가의 삶과 사상-서양 편 1	심성보 외 지음	420쪽	값 23,000원
14 교육사상가의 삶과 사상-서양 편 2	김누리 외 지음	432쪽	값 25,000원

한국교육연구네트워크 번역 총서

01 프레이리와 교육	존 엘리아스 지음	한국교육연구네트워크 옮김	276쪽	값 14,000원
02 교육은 사회를 바꿀 수 있을까?	마이클 애플 지음	강희룡·김선우·박원순·이형빈 옮김	356쪽	값 16,000원
03 비판적 페다고지는 세상을 변화시킬 수 있는가?	Seewha Cho 지음	심성보·조시화 옮김	280쪽	값 14,000원
04 마이클 애플의 민주학교	마이클 애플·제임스 빈 엮음	강희룡 옮김	276쪽	값 14,000원
05 21세기 교육과 민주주의	넬 나딩스 지음	심성보 옮김	392쪽	값 18,000원
06 세계교육개혁 민영화 우선인가 공적 투자 강화인가?	린다 달링-해먼드 외 지음	심성보 외 옮김	408쪽	값 21,000원
07 콩도르세, 공교육에 관한 다섯 논문	니콜라 드 콩도르세 지음	이주환 옮김	300쪽	값 16,000원
08 학교를 변론하다	얀 마스켈라인·마틴 시몬스 지음	윤선인 옮김	252쪽	값 15,000원
09 존 듀이와 교육	짐 개리슨 외 지음	심성보 외 옮김	376쪽	값 19,000원
10 진보주의 교육운동사	윌리엄 헤이스 지음	심성보 외 옮김	324쪽	값 18,000원
11 사랑의 교육학	안토니아 다더 지음	심성보 외 옮김	412쪽	값 22,000원
12 다시 읽는 민주주의와 교육	존 듀이 지음	심성보 옮김	620쪽	값 32,000원

● 비고츠키 선집 시리즈 발달과 협력의 교육학 어떻게 읽을 것인가?

01 생각과 말   L.S. 비고츠키 지음 | 배희철·김용호·D. 켈로그 옮김 | 690쪽 | 값 33,000원

02 도구와 기호   비고츠키·루리야 지음 | 비고츠키 연구회 옮김 | 336쪽 | 값 16,000원

03 어린이 자기행동숙달의 역사와 발달 I   L.S. 비고츠키 지음 | 비고츠키 연구회 옮김 | 564쪽 | 값 28,000원

04 어린이 자기행동숙달의 역사와 발달 II   L.S. 비고츠키 지음 | 비고츠키 연구회 옮김 | 552쪽 | 값 28,000원

05 어린이의 상상과 창조   L.S. 비고츠키 지음 | 비고츠키 연구회 옮김 | 280쪽 | 값 15,000원

06 성장과 분화   L.S. 비고츠키 지음 | 비고츠키 연구회 옮김 | 308쪽 | 값 15,000원

07 연령과 위기   L.S. 비고츠키 지음 | 비고츠키 연구회 옮김 | 336쪽 | 값 17,000원

08 의식과 숙달   L.S 비고츠키 | 비고츠키 연구회 옮김 | 348쪽 | 값 17,000원

09 분열과 사랑   L.S. 비고츠키 지음 | 비고츠키 연구회 옮김 | 260쪽 | 값 16,000원

10 성애와 갈등   L.S. 비고츠키 지음 | 비고츠키 연구회 옮김 | 268쪽 | 값 17,000원

11 흥미와 개념   L.S. 비고츠키 지음 | 비고츠키 연구회 옮김 | 408쪽 | 값 21,000원

12 인격과 세계관   L.S. 비고츠키 지음 | 비고츠키 연구회 옮김 | 372쪽 | 값 22,000원

13 정서 학설 I   L.S. 비고츠키 지음 | 비고츠키 연구회 옮김 | 584쪽 | 값 35,000원

14 정서 학설 II   L.S. 비고츠키 지음 | 비고츠키 연구회 옮김 | 480쪽 | 값 35,000원

비고츠키와 인지 발달의 비밀   A.R. 루리야 지음 | 배희철 옮김 | 280쪽 | 값 15,000원

비고츠키의 발달교육이란 무엇인가?   비고츠키교육학실천연구모임 지음 | 412쪽 | 값 21,000원

비고츠키 철학으로 본 핀란드 교육과정   배희철 지음 | 456쪽 | 값 23,000원

비고츠키와 마르크스   앤디 블런던 외 지음 | 이성우 옮김 | 388쪽 | 값 19,000원

수업과 수업 사이   비고츠키 연구회 지음 | 196쪽 | 값 12,000원

관계의 교육학, 비고츠키   진보교육연구소 비고츠키교육학실천연구모임 지음 | 300쪽 | 값 15,000원

교사와 부모를 위한 발달교육이란 무엇인가?   현광일 지음 | 380쪽 | 값 18,000원

비고츠키 생각과 말 쉽게 읽기   진보교육연구소 비고츠키교육학실천연구모임 지음 | 316쪽 | 값 15,000원

교사와 부모를 위한 비고츠키 교육학   카르포프 지음 | 실천교사번역팀 옮김 | 308쪽 | 값 15,000원

레프 비고츠키   르네 반 데 비어 지음 | 배희철 옮김 | 296쪽 | 값 21,000원

혁신학교	성열관·이순철 지음 | 224쪽 | 값 12,000원
행복한 혁신학교 만들기	초등교육과정연구모임 지음 | 264쪽 | 값 13,000원
서울형 혁신학교 이야기	이부영 지음 | 320쪽 | 값 15,000원
혁신교육, 철학을 만나다	브렌트 데이비스·데니스 수마라 지음 | 현인철·서용선 옮김 | 304쪽 | 값 15,000원
대한민국 교사, 어떻게 가르칠 것인가?	윤성관 지음 | 320쪽 | 값 15,000원
아이들을 어떻게 가르칠 것인가	사토 마나부 지음 | 박찬영 옮김 | 232쪽 | 값 13,000원
모두를 위한 국제이해교육	한국국제이해교육학회 지음 | 364쪽 | 값 16,000원
경쟁을 넘어 발달 교육으로	현광일 지음 | 288쪽 | 값 14,000원
혁신교육 존 듀이에게 묻다	서용선 지음 | 292쪽 | 값 16,000원
다시 읽는 조선 교육사	이만규 지음 | 750쪽 | 값 37,000원
교실 속으로 간 이해중심 교육과정	온정덕 외 지음 | 224쪽 | 값 13,000원
대한민국 교육혁명	교육혁명공동행동 연구위원회 지음 | 224쪽 | 값 12,000원
포스트 코로나 시대의 교육	성열관 외 지음 | 224쪽 | 값 15,000원
내일 수업 어떻게 하지?	아이함께 지음 | 300쪽 | 값 15,000원
핀란드 교육의 기적	한넬레 니에미 외 엮음 | 장수명 외 옮김 | 456쪽 | 값 23,000원
한국 교육의 현실과 전망	심성보 지음 | 724쪽 | 값 35,000원
독일의 학교교육	정기섭 지음 | 536쪽 | 값 29,000원
교실 속으로 간 이해중심 통합교육과정	온정덕 외 지음 | 224쪽 | 값 15,000원
초등 백워드 교육과정 설계와 실천 이야기	김병일 외 지음 | 352쪽 | 값 19,000원
학습격차 해소를 위한 새로운 도전 보편적 학습설계 수업	조윤정 외 지음 | 240쪽 | 값 15,000원

● **경쟁과 차별을 넘어 평등과 협력으로 미래를 열어가는 교육 대전환!** 혁신교육 현장 필독서

학교의 미래, 전문적 학습공동체로 열다	새로운학교네트워크·오윤주 외 지음 | 276쪽 | 값 16,000원
마을교육공동체 생태적 의미와 실천	김용련 지음 | 256쪽 | 값 15,000원
학교폭력, 멈춰!	문재현 외 지음 | 348쪽 | 값 15,000원
학교를 살리는 회복적 생활교육	김민자·이순영·정선영 지음 | 256쪽 | 값 15,000원
삶의 시간을 잇는 문화예술교육	고영직 지음 | 292쪽 | 값 16,000원
미래교육을 디자인하는 학교교육과정	박승열 외 지음 | 348쪽 | 값 18,000원
코로나 시대, 마을교육공동체운동과 생태적 교육학	심성보 지음 | 280쪽 | 값 17,000원

혐오, 교실에 들어오다	이혜정 외 지음 l 232쪽 l 값 15,000원
수업, 슬로리딩과 함께	박경숙 외 지음 l 268쪽 l 값 15,000원
물질과의 새로운 만남	베로니카 파치니-케처바우 외 지음 l 이연선 외 옮김 l 240쪽 l 값 15,000원
그림책으로 만나는 인권교육	강진미 외 지음 l 272쪽 l 값 18,000원
수업 고수들 수업·교육과정·평가를 말하다	박현숙 외 지음 l 368쪽 l 값 17,000원
아이들의 배움은 어떻게 깊어지는가	이시이 쥰지 지음 l 방지현·이창희 옮김 l 200쪽 값 11,000원
미래, 공생교육	김환희 지음 l 244쪽 l 값 15,000원
들뢰즈와 가타리를 통해 유아교육 읽기	리세롯 마리엣 올슨 지음 l 이연선 외 옮김 l 328쪽 l 값 17,000원
혁신고등학교, 무엇이 다른가?	김현자 외 지음 l 344쪽 l 값 18,000원
시민이 만드는 교육 대전환	심성보·김태정 지음 l 248쪽 l 값 15,000원
평화교육 과거, 현재 그리고 미래를 그리다	모니샤 바자즈 외 지음 l 권순정 외 옮김 l 268쪽 l 값 18,000원
마을교육공동체란 무엇인가?	서용선 외 지음 l 360쪽 l 값 17,000원
강화도의 기억을 걷다	최보길 지음 l 276쪽 l 값 14,000원
체육 교사, 수업을 말하다	전용진 지음 l 304쪽 l 값 15,000원
평화의 교육과정 섬김의 리더십	이준원·이형빈 지음 l 292쪽 l 값 16,000원
마을로 걸어간 교사들, 마을교육과정을 그리다	백윤애 외 지음 l 336쪽 l 값 16,000원
혁신교육지구와 마을교육공동체는 어떻게 만들어지는가?	김태정 지음 l 376쪽 l 값 18,000원
서울대 10개 만들기	김종영 지음 l 348쪽 l 값 18,000원
선생님, 통일이 뭐예요?	정경호 지음 l 252쪽 l 값 13,000원
함께 배움 학생 주도 배움 중심 수업 이렇게 한다	니시카와 준 지음 l 백경석 옮김 l 280쪽 l 값 15,000원
다정한 교실에서 20,000시간	강정희 지음 l 296쪽 l 값 16,000원
즐거운 세계사 수업	김은석 지음 l 328쪽 l 값 13,000원
학교를 개선하는 교장 지속가능한 학교 혁신을 위한 실천 전략	마이클 풀란 지음 l 서동연·정효준 옮김 l 216쪽 l 값 13,000원
선생님, 민주시민교육이 뭐예요?	염경미 지음 l 244쪽 l 값 15,000원
교육혁신의 시대 배움의 공간을 상상하다	함영기 외 지음 l 264쪽 l 값 17,000원
도덕 수업, 책으로 묻고 윤리로 답하다	울산도덕교사모임 지음 l 320쪽 l 값 15,000원
교육과 민주주의	필라르 오카디즈 외 지음 l 유성상 옮김 l 420쪽 l 값 25,000원
교육회복과 적극적 시민교육	강순원 지음 l 228쪽 l 값 15,000원
비판적 미디어 리터러시 가이드	더글러스 켈너·제프 셰어 지음 l 여은호·원숙경 옮김 l 252쪽 l 값 18,000원
지속가능한 마을, 교육, 공동체를 위하여	강영택 지음 l 328쪽 l 값 18,000원

제목	저자 정보
대전환 시대 변혁의 교육학	진보교육연구소 교육과정연구모임 지음	400쪽	값 23,000원
교육의 미래와 학교혁신	마크 터커 지음	전국교원양성대학교 총장협의회 옮김	336쪽	값 18,000원
남도 임진의병의 기억을 걷다	김남철 지음	288쪽	값 18,000원
프레이리에게 변혁의 길을 묻다	심성보 지음	672쪽	값 33,000원
다시, 혁신학교!	성기신 외 지음	300쪽	값 18,000원
백워드로 설계하고 피드백으로 완성하는 성장중심평가	이형빈·김성수 지음	356쪽	값 19,000원
우리 교육, 거장에게 묻다	표혜빈 외 지음	272쪽	값 17,000원
교사에게 강요된 침묵	설진성 지음	296쪽	값 18,000원
왜 체 게바라인가	송필경 지음	320쪽	값 19,000원
풀무의 삶과 배움	김현자 지음	352쪽	값 20,000원
비고츠키 아동학과 글쓰기 교육	한희정 지음	300쪽	값 18,000원
교사에게 강요된 침묵	설진성 지음	296쪽	값 18,000원
마을, 그 깊은 이야기 샘	문재현 외 지음	404쪽	값 23,000원
비난받는 교사	다이애나 폴레비치 지음	유성상 외 옮김	404쪽	값 23,000원
한국교육운동의 역사와 전망	하성환 지음	308쪽	값 18,000원
철학이 있는 교실살이	이성우 지음	272쪽	값 17,000원
왜 지속가능한 디지털 공동체인가	현광일 지음	280쪽	값 17,000원
선생님, 우리 영화로 세계시민 만나요!	변지윤 외 지음	328쪽	값 19,000원
아이를 함께 키울 온 마을은 어떻게 만들어야 할까?	차상진 지음	288쪽	값 17,000원
선생님, 제주 4·3이 뭐예요?	한강범 지음	308쪽	값 18,000원
마을배움길 학교 이야기	김명신, 김미자, 서영자, 윤재화, 이명순 지음	300쪽	값 18,000원
다시, 남도의 기억을 걷다	노성태 지음	332쪽	값 19,000원
세계의 혁신 대학을 찾아서	안문석 지음	284쪽	값 17,000원
소박한 자율의 사상가, 이반 일리치	박홍규 지음	328쪽	값 19,000원
선생님, 평가 어떻게 하세요?	성열관 외 지음	220쪽	값 15,000원
남도 한말의병의 기억을 걷다	김남철 지음	316쪽	값 19,000원
생태전환교육, 학교에서 어떻게 할까?	심지영 지음	236쪽	값 15,000원
어떻게 어린이를 사랑해야 하는가	야누쉬 코르착 지음	송순재, 안미현 옮김	396쪽	값 23,000원
북유럽의 교사와 교직	예스터 에크하트 라르센 외 엮음	유성상·김민조 옮김	412쪽	값 24,000원
산마을 너머 지금 뭐해?	최보길 외 지음	260쪽	값 17,000원
전문적 학습네트워크	크리스 브라운·신디 푸트먼 엮음	성기선·문은경 옮김	424쪽	값 24,000원

| 교육사상가의 삶과 사상 2 | 김누리 외 지음 | 유성상 엮음 | 432쪽 | 값 25,000원 |

교육사상가의 삶과 사상 2 — 김누리 외 지음 | 유성상 엮음 | 432쪽 | 값 25,000원

선생님이 왜 노조 해요? — 윤미숙 외 지음 | 교사노동조합연맹 기획 | 328쪽 | 값 18,000원

교실을 광장으로 만들기 — 윤철기 외 지음 | 212쪽 | 값 17,000원

초등 개념기반 탐구학습 설계와 실천 이야기 — 김병일 지음 | 380쪽 | 값 27,000원

다시 읽는 민주주의와 교육 — 존 듀이 지음 | 심성보 옮김 | 620쪽 | 값 32,000원

자율성과 전문성을 지닌 교사되기 — 린다 달링 해몬드, 디온 번즈 지음 | 전국교원양성대학교총장협의회 옮김 | 412쪽 | 값 25,000원

선생님, 완벽하지 않아도 괜찮아요 — 유승재 지음 | 264쪽 | 값 17,000원

지속가능한 리더십 — 앤디 하그리브스, 딘 핑크 지음 | 정바울, 양성관, 이경호, 김재희 옮김 | 352쪽 | 값 21,000원

남도 명량의 기억을 걷다 — 이돈삼 지음 | 280쪽 | 값 17,000원

교사가 아프다 — 송원재 지음 | 300쪽 | 값 18,000원

존 듀이의 생명과 경험의 문화적 전환 — 현광일 지음 | 272쪽 | 값 17,000원

왜 읽고 쓰고 걸어야 하는가? — 김태정 지음 | 300쪽 | 값 18,000원

미래 교직 디자인 — 캐럴 G. 베이즐 외 지음 | 정바울 외 옮김 | 192쪽 | 값 17,000원

타일러 교육과정과 수업 설계의 기본 원리 — 랄프 타일러 지음 | 이형빈 옮김 | 176쪽 | 값 15,000원

시로 읽는 교육의 풍경 — 강영택 지음 | 212쪽 | 값 17,000원

부산 교육의 미래 2026 — 이상철 외 지음 | 384쪽 | 값 22,000원

11권의 그림책으로 만나는 평화통일 수업 — 경기평화교육센터·곽인숙 외 지음 | 304쪽 | 값 19,000원

명량 10대 명량 챌린지 — 강정희 지음 | 320쪽 | 값 18,000원

교장이 바뀌면 학교가 바뀐다 — 홍제남 지음 | 260쪽 | 값 16,000원

교육정치학의 이론과 실천 — 김용일 지음 | 308쪽 | 값 18,000원

더 나은 사고를 위한 수업 — 앤 마가렛 샤프·로렌스 스플리터 지음 | 김혜숙·박상욱 옮김 | 438쪽 | 값 26,000원

세계의 대안교육 — 넬 나딩스·헬렌 리즈 지음 | 심성보 외 11인 옮김 | 652쪽 | 값 38,000원

더 좋은 교육과정 더 나은 수업 — 이형빈 지음 | 290쪽 | 값 18,000원